褚橙方法 ①
重新定义品牌

张小军 熊玥伽 著

中国科学技术出版社
·北京·

图书在版编目（CIP）数据

褚橙方法 . 1，重新定义品牌 / 张小军，熊玥伽著 . — 北京：中国科学技术出版社，2023.12
ISBN 978-7-5236-0312-3

Ⅰ. ①褚… Ⅱ. ①张… ②熊… Ⅲ. ①褚时健—商业经营—经验 Ⅳ. ① F715

中国国家版本馆 CIP 数据核字（2023）第 217954 号

策划编辑	何英娇	责任编辑	何英娇
封面设计	马筱琨	版式设计	蚂蚁设计
责任校对	邓雪梅	责任印制	李晓霖

出　　版	中国科学技术出版社
发　　行	中国科学技术出版社有限公司发行部
地　　址	北京市海淀区中关村南大街 16 号
邮　　编	100081
发行电话	010-62173865
传　　真	010-62173081
网　　址	http://www.cspbooks.com.cn

开　　本	710mm×1000mm　1/16
字　　数	195 千字
印　　张	15.75
版　　次	2023 年 12 月第 1 版
印　　次	2023 年 12 月第 1 次印刷
印　　刷	河北鹏润印刷有限公司
书　　号	ISBN 978-7-5236-0312-3/F・1176
定　　价	69.00 元

（凡购买本社图书，如有缺页、倒页、脱页者，本社发行部负责调换）

序 言
preface

什么成就了褚橙的与众不同

你是否认为画家、雕塑大师罗丹过着十分浪漫、疯狂且与众不同的生活？

至少27岁的里尔克是这么认为的，当他于1902年见到62岁的罗丹时，这位初出茅庐的诗人见到了和他想象中大相径庭的情景：这位老人甚少出门，整天孤独地埋首于画室。

"如何能够寻找到一个要素，足以表达自己的一切？"面对里尔克的问题，罗丹沉默片刻后严肃地说："应当工作，只要工作，还要有耐心。"

"在我们身边，有着很多与众不同的杰出人物——至少在世俗的意义上是这样的，他们有一个共同的特质，那就是全身心地投入自己的工作。"这个故事让财经作家吴晓波先生印象深刻，是什么让某些人变得与众不同？吴晓波先生认为罗丹说出了真正的秘密，那就是：工作和足够的耐心。

是什么让褚橙变得与众不同？在我看来，是褚时健老先生（以下简称"褚老"）的执着工作和足够耐心。

尤其在我全力投入褚橙的推广和销售之后，我和褚老有了更深入的接触，更加认定他可以取得巨大成功来自他对工作的执着和足够的耐心。

即便到了87岁高龄，他依然坚持每周都去果园。其实从承包果园开

褚橙方法1: 重新定义品牌

始,他就日复一日、年复一年地在土地和橙树上不停地做试验,即使褚橙已被认为是最好的冰糖橙之一,他依然在寻求可以做得更好的可能性。

我一直认为我很幸运,有机会接触到褚老和他的家人,有机会去推广和销售褚橙。也可以说,我是因追随褚橙才去创业的。

在我成为一位新农人之前,我一直都在传媒行业,从《成都商报》到《每日经济新闻》,从成都到北上广深,在遇到褚橙之前,我虽像一些白领一样希望能有一块土地,创办一家农场,在业余种点果蔬,然后和朋友们分享,但我无论如何也没有料到,接触褚老和品尝褚橙后会给我的生活带来如此巨大的改变,更不曾想到在我为是否辞职创业最为犹豫的时候,褚老高龄创业的精神坚定了我创业的信心和决心。

2014年年初,我告别了传媒行业,正式加入成都的有机食材销售公司"i有机",筹备褚橙在成都的销售和推广。其实这已经是我和"i有机"推动褚橙在成都市场销售的第三个年头了。那时我在负责《成都商报》的财经新闻和《每日经济新闻》西南地区的新闻,每天早上的工作是查阅全国各地的重要财经新闻以及研究一些上市公司的最新动态,然后和记者团队沟通是否有一些有价值的新闻可以深入挖掘。褚老种橙子的消息那时开始在报纸和杂志上出现,我们计划派记者前往云南深入采访。

2012年冬天,是褚橙品牌在全国开始大红大紫的第一年。本来生活网前首席执行官(CEO)胡海卿联系到我,希望我能帮助他在成都推广褚橙。

海卿也曾在媒体工作,而且是十分知名的媒体。那时他刚辞职创业,本来生活网也成立不久。当海卿发现褚橙之后,他敏感地认为,这个产品会受到市场的欢迎。

序 言

在决定推广和销售褚橙之前，这年冬天我第一次吃到褚橙，毫不夸张地说，我被它的口味震惊了，这种美好很难用文字形容，那时我想到的是美食不可辜负。

褚橙的味道的确与众不同，而且还蕴含着褚老的创业精神，我在第一时间把它推荐给了"i有机"的团队，并和他们一起为褚橙在成都的推广和销售出谋划策。那时，我是作为"i有机"的投资人身份去参与推广和营销褚橙的。

在我和海卿见面前的几个月，"i有机"刚成立不久，团队正在各地寻求优秀的产品，通过电商平台进行销售。当时褚橙在成都还没有名气，本来生活网在北京也还没有开始宣传褚橙，这既让我和"i有机"的团队忐忑不安，又觉得味道好、有故事的产品非常值得推广。

为什么要去推广和销售褚橙？首先是产品好，然后它又蕴含褚老的精神。因此，我们对外的任何信息都精心打磨，就算是一张贴在社区的海报，我们也多次修改，既能准确表达产品属性，又能让它的设计具备品相，不能因为我们的工作影响褚橙的声誉。这些具体的操作我也在这本书里写了一部分，有些是出于好心和用心，但也有可能会给好的产品减分。尽管有褚老强大的信用作为背书，我们也十分担心自己做得不好，反而影响了产品的品牌。后来我们接触一些好的农产品，也会发现，有些对产品不甚了解的团队做出来的推广，更多停留在表面，没有深入内涵，没有抓住本质，所以看起来和美好的设想有些距离，这是我们要避免的。

我记得第一批褚橙运到成都以后，"i有机"的团队采用的是赠送试吃的方式，一共送出了156箱橙子，每箱橙子大约30个，大约送了4000个种子用户。在褚橙进入成都市场的头一两年，我们重点做社区的地面推广时应用，这种方式效果非常不错。当然，我们的成果是建立在褚老种出了高品质的橙子基础上，因为品质好，客户的重复消费频次也就更高。我们在营销上做加法，实现了更广的传播和更精准的抵达。

无论是我们在成都、重庆所做的销售推广，还是本来生活网的网络营销，我们都必须要承认，营销方法其实是基于产品来的，如果没有好的产品，无论是网络营销还是社区推广，效果都不会持续。

从2012年开始，褚橙外围拓展最大的就是北京市场和成都市场，北京的线上营销和成都的线下营销，一北一南形成了鲜明对比。

褚橙公司把北京的网络销售授权给了本来生活网，在成都则把这个区域的网络销售独家授权给了"i有机"。其实"i有机"在成都重点做的是线下覆盖和媒体推广，对比本来生活网在北京的互联网营销，成都的办法显得笨拙许多。我们把重点放在了社区的覆盖和推广上，一个一个社区覆盖过去，当然这个过程也借助了传媒的力量，尤其是《成都商报》的传播，给予了我们很多帮助。

后来，我们重新筹备了一家全新的水果直供平台公司——优果仓，希望在"i有机"的基础上更加聚焦销售褚橙和更多优良水果。2015年6月，优果仓在成都的几家实体店开始运行，网店也开始上线。

我是先知道褚老的故事，然后吃到他种的橙子。我开始在成都销售褚橙之后，才冒昧地前去拜访他。其实去之前我准备了很多问题，可是我们见面之后，先前那些问题好像都找到了答案。

第一次见褚老和马老（即褚时健先生的夫人马静芬女士），我不知道应该给他们带点什么，征求了很多人的意见也没有得到什么好的提议。我想他们那么专注于种植，褚橙要扩大规模，投入品肯定需要找到好的标准品，就带肥料吧。

"i有机"之前一直在做有机蔬菜，有一些做有机农业的经验，又通过农业圈的朋友推荐，我选了北京嘉博文公司的有机肥。之前我在阳台上种过有机蔬菜，也用过这家公司的肥料。

听说我是买肥料准备送给褚老，北京嘉博文生物科技有限公司的首席科学家于家伊博士特别重视，专门安排技术人员给我补肥料课，甚至问我是否需要派技术人员一同前往。

我从成都带了两包20千克重的有机肥到玉溪。这个礼物让两位老人家真心喜欢。见面后，我们一直在谈论肥料，后来我才知道，那次见面之后，马老很快就安排把肥料拿到菜地里去做试验，然后她又打电话给我，希望尽快安排更多肥料在果园做试验。

我也特别希望可以在褚橙的果园里种出有机褚橙来，所以也一直在联络一些专家和资源，朝此方向努力。

外面报道褚老的信息很多，但很多人忽略了他的夫人马静芬女士。我第一次见到她时，就被她的风采迷住了。她说话简洁干练，尤其是眼神里充满信心，没有一丝老态。如果说谁要深入研究褚老和他的精神，那最好从马老开始。她是一位非常可爱、有趣、能干、坚强且值得人敬佩的老人家。

两位70多岁的老人家从零开始创业、种树、管理团队，各种可能的问题层出不穷，过程也跌宕起伏，褚老一言以蔽之："我一生都不怕难，就是要不丧气，要有希望。"

在我想创业和真的创业之后才发现，创业真的会每天都面临各种问题，各种压力接踵而至。每次遇到困难时，我总想起褚老和他所说的话："不丧气，要有希望。"

没有吃过褚橙的一些朋友告诉我说，褚橙畅销恐怕更多是因为褚老

褚橙方法1: 重新定义品牌

的名声,我承认褚老跌宕起伏的人生经历让褚橙有了更高的知名度。可是我也坚定地认为,如果没有褚橙产品品质的支撑,消费者重复消费和褚橙年年畅销就不太可能实现。

每次碰到这样的朋友,我都请他们去品尝褚橙,几乎无一例外,在吃过褚橙后,他们也如我一样被褚橙的味道折服,而且认为褚橙的品质和它的故事一样,十分值得与人分享。

其实,在我销售褚橙的同时,我和团队也一直在努力推销另一位大牌企业家的农产品。可在这位企业家第一年推出产品时,我们的数据经理就总结认为,这位企业家第一次推出的水果重复购买率不高,调查问卷的结果显示口感不如传说中那么好。后来我们把这些信息反馈给他的公司。我们很欣喜地看到,这位企业家的团队在产品管理上十分认真,之后我们也注意到,越来越多的用户开始喜欢他的农产品。

关于褚橙的品质,真正熟悉这个品类的读者肯定知道,尽管云南的天气和地理条件与众不同,但是很多吃过褚橙庄园附近果园种出来的冰糖橙的人都发现,它们的口味没有办法和褚橙相提并论。褚橙高品质的背后显然是褚老和团队的艰辛付出,关于这些付出和与众不同的种植技术、方法,我会在本书里进行介绍。

这本书是我接触褚橙并开始推广和销售它后,我所了解到的褚橙,其中既有种植生产管理环节的内容,也有它如何从优质产品变成优质商品的内容。同时,书中既有海卿等朋友的经验,也有我们在成都销售褚橙所做的试验。之所以把这本书写出来,是希望更多的人可以从褚橙中学到经验,这也是用另外一种方式来分享褚老的精神。

之前我看过这样的争论——究竟是本来生活网成就了褚橙,还是褚橙成就了本来生活网,大多数意见都很极端地偏向某一方。在我看来,这是一个互相成就的优秀案例，本来生活网凭借褚橙案例一战成名，而褚橙借助本来生活网开始了具有影响力的蜕变。或者说，褚橙卓越的品质和本来生活网的创新营销在农业大时代的风口上擦出了共赢的火花。

本书自 2015 年出版以来，受到广大读者欢迎。但随着时间往前推移，褚橙已发生了较大变化，有了更大进步。因此，我决定对全书内容进行一次修订，包括更新数据、增补最新内容等，以充实丰富本书内容，为读者带来更高质量的图书。

所谓成功，只是一个结果，它也许自然到来，也许总迟一步。当你阅读本书时，希望你能有所收获！希望你能坚持你的坚持，认真勤奋地投入工作并耐心等待梦想长大！

张小军

目录
CONTENTS

001 • 第一章 褚橙再出发

 第一节 褚橙凭何"出圈" 003
 第二节 聚力科研 013
 第三节 走向数字化转型 020

029 • 第二章 褚时健为什么选择种橙

 第一节 越是细分，越有市场 031
 第二节 做代表未来趋势的事情 037

041 • 第三章 褚橙是怎么种出来的

 第一节 标准化，标准化，还是标准化 043
 第二节 另类农业成本投入法——有舍才有得 052
 第三节 农业的本质是重资产 056
 第四节 像乌龟一样有耐心 059

067 • 第四章 如何管人

 第一节 农户是半个合伙人 070
 第二节 褚时健——作业长——农户 073
 第三节 管理者：先做好自己，再带队伍 075
 第四节 激励的双因素实践 078
 第五节 把控有度的惩罚 081
 第六节 老板要想办法让大家有钱 083
 第七节 褚时健管理与Z理论 084

褚橙方法1： 重新定义品牌

087 · 第五章　褚橙如何从产品变商品

第一节　不是卖产品，而是卖商品　089
第二节　分级就是做品牌　091
第三节　给产品一个标准身份证　093
第四节　影响定价的四大要素　095
第五节　成败在渠道　098

105 · 第六章　褚橙是怎么卖的

第一节　营销第一步是坐着别动　107
第二节　最管用的不是讲故事，而是地推　109
第三节　拆解产品属性　114
第四节　海报的一秒制胜法则　117
第五节　得粉丝者得天下　123
第六节　想让别人参与，先问自己是否愿意加入　129
第七节　快乐不是目的，愉悦才是　132
第八节　微商不只是卖产品　134

137 · 第七章　褚橙怎么做用户体验

第一节　极致体验就是惊呼　139
第二节　谁说农产品不需要"内测"　143
第三节　让消费者见证果子的成长　147
第四节　定制出个性和好玩　149
第五节　由你做主的线下体验会　151

155 · 第八章　褚橙的品牌传播

第一节　第一波热潮：传统媒体的力量　157
第二节　最好的传播者是中度忠诚者　159
第三节　卖什么，不吆喝什么　162
第四节　好故事要么走心，要么搞笑　165
第五节　杜绝高大上的说话方式　167

目　录

173 • 第九章　褚橙为何能保持产品持久力

　　第一节　褚橙是一种精神　175
　　第二节　褚橙不是"物品"，而是可供消费的社会符号　178
　　第三节　新农人不是反传统，而是创新　182
　　第四节　搭上社会化网络营销班车　185
　　第五节　褚橙思维 vs 互联网思维　189

195 • 第十章　褚橙，你学得会

　　第一节　专注于一件事　197
　　第二节　做一个"创造性垄断者"　205
　　第三节　褚橙产品论：从安全到品质　210
　　第四节　态度决定干法，干法决定结果　213
　　第五节　借势营销，走品牌化道路　221
　　第六节　给消费者一个购买理由　224

233 • 后　记

235 • 致　谢

第一章

褚橙再出发

CHAPTER 1

第一节
褚橙凭何"出圈"

2002年,褚时健老先生从哀牢山起步,种下一片橙园。2006年,马静芬女士到上海、杭州推销褚老栽种出来的冰糖橙。2012年,本来生活网携手褚橙进京,缔造出"褚橙"品牌,一时间,褚橙声名大噪。至此之后,褚橙更是以强势姿态崛起,成为橙子界的"橙王"。时至今天,十多年已过去,褚橙依然火爆大江南北,这不得不说是中国农业界的一个奇迹。纵观中国农业界,像褚橙这样拥有持续生命活力的水果,少之又少,更不要说还能年年"出圈"了。是什么让褚橙取得了如此巨大的成功?让我们去一探究竟,去看看这一颗颗小小的橙子蕴含着的巨大能量。

❋ 1. 不变的创业初心

有这样一个小故事:有人把褚橙和其他同类的橙子放在一起,组织了6场盲测,即在消费者不知道哪个是褚橙的情况下,让消费者通过品尝和比较各个橙子,从橙子外观、剥皮难易、甜度、酸度、水分、化渣率、橙子籽数量和总体口感等8个方面对橙子进行评价。最终得出的结

褚橙方法1：重新定义品牌

论是，褚橙质量最优，确实好吃。显然，褚橙能在农业界一骑绝尘，具备真正的实力，而并不是徒有虚名。

这正是褚橙领先市场的关键要素，即褚氏农人不忘创业初心，秉着"质量第一"和"专心做好产品"的追求，在带领农民"兜里有钱，脸上有光"的同时，把褚橙做成了云南果品类中的名品，让其走出逶迤大山，走向祖国大地，为云南树立起又一块响亮的绿色食品招牌。

从消费本质角度讲，一个产品不管被人吹捧得如何天花乱坠，要想在市场上长久地站稳脚跟，获得消费者的青睐，质量一定是第一位的。对褚橙而言，质量是刻在其身体里的基因密码，是不可更改的符号，贯穿于其生长、发展的始终。

"（做企业）首先就是质量，不管搞哪样产品，不管是农业的、工业的，我都认为产品要过硬！产品过不过硬，光凭质检合格那还不行，要让大家亲自品尝，大家觉得口感好才算真的好。"[①] 褚老是如此说的，也是如此做的。种橙初期，他对种橙没有任何概念，是个完完全全的种橙门外汉。即使如此，他仍对自己提出要求，要种就种好东西。同时还把世界知名水果品牌新奇士作为标杆，想要做出具有国际一流水平的柑橘产品。凭着这样的创业初心，褚老尝遍各种橙子，最终才决定把湖南的冰糖橙引进云南。可以看出，即使是最初的选种，褚老也不是随意的，而是经历了千万选择。

橙子种上后，褚老又开始琢磨，如何才能保证每一颗橙子的质量始终如一。对此，他请专家，搞培训，派人员出去学习深造，建立起一整

[①] 搜狐网."产品极客"精神才是褚时健一代橙王的底层力量[EB/OL].[2018-11-24].https://www.sohu.com/a/277652071_283333.

套科学合理的管理方式；采取企业精细化管理，严格按照技术规程进行疏枝剪叶与果子管理，从而保证果子大小匀称、口感一样；严把果子出园质量关，每年从8月开始，褚氏农人每半个月就会对橙子进行一次质量检验，保证每一枚橙子品质一致。除此之外，褚老还亲自监控整个橙子的成长过程，确保送到消费者手中的橙子都是最优的。

"专心做好产品"，这并不是一句简简单单的口号，而是实实在在的行动。在褚橙第一代掌门人的带领下，褚氏农人把这句话装在了心里，并凸显在了褚橙生产的各个环节。在这样的创业初心的指引下，及至今日的褚橙第二代掌门人褚一斌先生，依然把褚橙质量放在了最重要的位置，在原有基础上，不断提升褚橙的质量。2019年，褚橙整体成品率从原来的81%~85%，控制到了老基地成品率60%左右，新基地50%左右，进一步提高了产品质量。[1]

处一隅而观全局。历经多年，褚橙依然火爆如初，离不开褚氏农人在20多年的发展历程中始终对质量的坚守。这也是褚橙在市场上立于不败之地的最深层次内核。正如消费者所言："并不是说褚橙代表了中国最好的味道，而是褚橙背后稳定的供应链和对品质的把控，让你从第一个褚橙到第一百个褚橙，品质和口感都是一样的！这是褚橙最厉害的地方，即对品控的把握。"[2]

---

[1] 中国日报网.发扬"褚橙精神"多举措提升褚橙品质及质量[EB/OL].[2019-09-23].https://yn.chinadaily.com.cn/a/201909/23/WS5d886b8ba31099ab995e1a65.html.

[2] 腾讯网.陈春花：褚氏农业20年坚守做好三件事[EB/OL].[2022-12-07].https://new.qq.com/rain/a/20221207A00IHH00.

褚橙方法1:  重新定义品牌

2. 匠人匠心之作

在不真正了解褚氏农业生长、发展逻辑的外界，很多人将褚橙成功的最大因素归结为褚老作为企业家的个人魅力。然而，当我们站在更宏观、更全局的角度去挖掘褚橙内涵时，会发现有一个更为重要的因素值得我们去关注，那就是褚橙具有大国工匠的特质与精神。

（1）把产品做到极致

时至今日，褚橙已诞生20多年。在这短短的20多年时间里，褚氏农人一直有一个坚持——把褚橙产品做到极致。为种好褚橙，70多岁高龄的褚老带领大家，经常下到地里与橙子"对话"：为确保果树高产、稳产，他带领农户在不同地区划分试验区，一点一点地尝试、摸索，找到最为合适的株距、种植数量以及减枝方法；为保证橙子口感，他亲自带领技术人员潜心钻研，通过调整肥料配比结构，找到了最适合哀牢山这片土地的肥料结构，果园土壤得到有效改良；为保证出产橙子大小均匀，他要求严格培训农户，监督、检查农户种植情况，给每位农户下发了最为细致的操作指南。万科集团创始人王石认为：褚老身上有一种匠人精神——为种出上好的冰糖橙，他改良土壤结构，创造出混合农家肥，甚至连一棵果树上留多少花、果树与果树之间的间距、日照充分与不充分、枝条的修剪都有严格规定。

褚老这种精耕细作、把产品做到极致的精神，还很好地传承到了下一代身上。"不管以什么名字命名的任何产品，基本原理都是希望每一个团队把产品做到极致。褚橙的品牌要对消费者负责。""成品与非成品之间的销售价格相差很大，但我们宁愿牺牲收入也要保证对产品的要

求。"2021年，褚一斌先生在接受澎湃新闻记者采访时，如是说道。[①]

老子说："天下大事，必作于细。"哪怕是已经做得很好了，也不能放松警惕，还要做得更好，即使是制作小如一颗螺丝钉这样的事情。正是这样精益求精的态度，以及对精品的追求，铸就了褚橙的成功。未来，褚氏农业要想基业长青，更是离不开这种匠人匠心精神。

把产品做到极致，遇见更美好的未来。

（2）追求革新与突破

从某种程度上讲，褚橙更令人心生敬佩的是褚氏农人那种不断追求突破与革新的精神。这种精神不仅带来了褚橙的成功，更为中国农业发展带来了新思路与新思考。

实际上，从褚橙种植之初，褚老就在思考如何做出不一样的水果。为此，他亲自下地，参与橙子的种植、养护、结果和销售全过程，按照工业化生产标准来控制传统农业，将褚橙变成了流水线式的工业化产品，为中国农业产业转型发展带来了不一样的思维与参考。

在大众眼中，农业就是一个看天吃饭的行业，可褚老却破除了这样流传上千年的传统。为解决土壤持水量不稳定问题，保障果树生长，进而稳定果实品质，褚老带领农人修建饮水管线，引来附近的泉水灌溉。在此基础上，采用微喷方式灌溉，将种植基地的土壤湿度保持在60%~80%。为种出健康好吃的橙子，褚老亲自带人研究出由糖泥、草木灰、鸡粪和烟梗等组成的有机肥料，从而提升了种植基地的肥力，

[①] 澎湃新闻.对话褚一斌：70岁后做个可爱的老头，未来或有其他产品问世[EB/OL].[2021-10-15].https://www.thepaper.cn/newsDetail_forward_14844504.

褚橙方法1：重新定义品牌

保障了果子质量。"为研究出有机肥，褚老蹲在养鸡场的地上，把臭得年轻人碰都不敢碰的鸡粪抓在手里捻一捻，看看水分是多少，掺了多少锯末，因为眼睛不太好，几乎要把鸡粪凑到脸上。"[①]与此同时，褚老还将工业化生产管理方式，分时、分段、分量地延伸到每一个种植环节，实现农业生产的标准化，从而不断优化了橙子质量……

时至今日，褚氏农业更是建立起农科小院，提出数字化转型，出台行业种植标准等，与时俱进，紧跟时代发展潮流与步伐。这样不断地突破与革新，正是匠人匠心最生动的写照，成为推动中国农业产业转型的重要力量。

（3）专业与专注

大凡匠人，身上必有专业与专注特质。褚橙作为匠人匠心之作，其展现出的专业与专注特质更为突出。21摄氏度的自然恒温，2000小时的充足日照，引甘甜泉水，造就令人口舌惊艳的酸甜，这就是"十年种一橙，定义中国甜"。

一般而言，但凡是创业者，很少会选择农业领域，更不会选择耗时更长的柑橘种植。因为从传统惯性思维来看，农业是一个看天吃饭的行业，而柑橘从种植到挂果，更是需要五六年时间。先不论前期的巨大投入成本以及褚老对创业领域的精准判断，仅从褚老种橙这事本身来看，当时褚老已是75岁高龄，身体也并不好，可他并没有选择舒适安逸地待在家里，而是从零开始，再次创业。为种出中国好橙，他一门心思扎

---

① 农业行业观察.揭秘褚橙"匠人精神"背后的艰苦历程！[EB/OL].[2017-07-25].https://baijiahao.baidu.com/s?id=1573909097215188&wfr=spider&for=pc.

根下去，心无旁骛，潜心研究，翻遍了几乎所有种橙的书籍，并亲力亲为，下地试验，改良土壤，创造有机肥，改善橙子口味，等等。"艺痴者技必良。"最终，褚老培育出了酸甜比适合中国人口味的褚橙，成了水果界的"领头羊"。

而褚老这种专业与专注做事的传统，也被很好地传承了下去。褚橙第二代掌门人褚一斌先生说："我们宁愿牺牲收入也要保证对产品的要求，以热爱致敬'匠心'。"[1] 历经 20 多年的风雨历程，对褚橙而言，在未来之路上，传承匠人精神，革新每一细节，持续不断提升果子品质，是其攀登上又一高峰的必不可少的一环。

习近平总书记在 2020 年的全国劳动模范和先进工作者表彰大会上，精辟概括了工匠精神的深刻内涵——执着专注、精益求精、一丝不苟、追求卓越。[2] 而褚橙全都做到了。"褚橙"品牌成了中国水果界，甚至农业界的成功范本，从某种程度上讲，为中国农业产业转型起了一个很好的头。

3. 一群人的橙

有那么一群人

到那个时候能够

---

[1] 澎湃新闻.对话褚一斌：70 岁后做个可爱的老头，未来或有其他产品问世 [EB/OL].[2021-10-15].https://www.thepaper.cn/newsDetail_forward_14844504.

[2] 人民网.培养大国工匠、弘扬工匠精神　习近平这样要求 [EB/OL].[2022-04-28].http://politics.people.com.cn/n1/2022/0428/c1001-32411410.html.

褚橙方法1：**重新定义品牌**

> 拍着胸脯自豪地说
>
> 我是农民
>
> 我是中国农民
>
> ——褚一斌

云南褚氏农业有限公司董事长褚一斌先生在褚氏农业 20 周年上发表主题演讲："让农民兄弟兜里有钱，脸上有光，成就别人，同时也成就了自我。我知道这很难。年轻的时候，我站在纽约街头，知道那是别人的世界，只能通过财富收入来衡量自己的价值，为什么不能在家乡找到更广阔的价值呢？"[①]怀揣着这样的家国情怀，2014 年，褚一斌先生放弃国外优渥的生活，选择回到家乡，像父亲一样，成为一个农民。2018年，在褚一斌先生的努力下，金泰果品和恒冠泰达合并在一起，成立褚氏农业。2019 年，客户质疑褚橙产品标准。为此，褚氏农业进入产品标准化探索的深入之年。在这一年，褚一斌先生果断咬牙建厂，仅 7个月左右就让果厂正式投入运营。效率之高，让他看到了团队的力量。"一群人的橙"的理念在心中生根发芽。

之后，不管是 2020 年面对新冠疫情大家一起攻坚克难，取得胜利，还是 2021 年面对罕见降雨想办法保质完成果子采摘，顺利完成销售，都让褚一斌先生看到，依靠团队的力量，是褚氏农业取得一次又一次突破的关键，"一群人的橙"成为褚氏农业未来几十年发展的理念。

回溯褚橙 20 多年的发展历程，虽然从某种意义上讲，褚氏农业在

---

① 金融界. 躬身入局 20 年悲欣，褚氏农业的变与不变 [EB/OL].[2022-12-09]. https://baijiahao.baidu.com/s?id=1751714671281378918&wfr=spider&for=pc.

艰苦创业时代，褚老个人励志创业的工匠精神、奋发向上的拼搏精神以及专注做好产品的企业家精神是褚橙历经10年沉淀而大卖的主要原因，这一时期的褚橙也被称为褚老"一个人的橙"，但事实上，褚橙的成功离不开科技人员的不懈探索，离不开运营销售各方的密切配合，更离不开农户们日复一日对每一棵橙树的精心呵护。

所以，从客观本质上讲，褚老在种橙之初，就把"一群人的橙"的理念融入了自身的实践中。他深知，只有科技人员、农户等各方人员配合得好，才能给褚橙带来持久的生命活力。为此，他相继提出半合伙人制度、激励及标准考核制度等，在"人人参与、人人负责，既有标准、又有激励"的原则下，褚橙产品链条上各方人员的积极性都被最大限度地发挥了出来。

比如，农户是褚橙种植的中坚力量，是保障褚橙品质的关键一环，只有和农户建立起长期稳定、互信互利的合作关系，让农户因种橙而改善生活才是最重要的。可是，农户是一个特殊的群体，他们中的很多人甚至连基础的文字都不认识，更别提语言文字表达了。如何让农户专业、专注地种出褚橙来？褚老的方法是尊重农户价值，坚持与农户共生，让他们做脸上有光的新农人。

为此，褚老提出半合伙人+激励制度。在这样的情况下，员工不再是打工人，而是半个"合伙人"，并且做得好的予以奖励，做错了的则予以惩罚。这样，果园的利益与农户的利益紧紧地捆绑在了一起。与此同时，根据农户的习惯和特征，褚老还专门拿出一笔钱来，给农户建房子，还给每家配了菜地，从而保障农户可以安居乐业。

褚老有句经典的话："对于农户和作业长来说，最大的监督力量还

褚橙方法1: 重新定义品牌

是工作绩效必须和个人收入挂钩，不然你牵只老虎去也没有用。"[1] 坚持农户共生、利益与共，是褚氏农业栉风沐雨 20 多年来最为宝贵的经验之一。

也因此，当褚一斌先生从褚老手中接过接力棒，开启褚氏农业的第二次创业时，他才说"用一种相对生态的模式让大家在产业中得到成长，让每个人都能获得理想的收益，同时能够实现自我认同和社会认同，让农业从业者'兜里有钱、脸上有光'"。[2]——肩负褚橙发展新重任，链接褚氏农业上下游合作伙伴，让各方都能共同进步，共同富裕。这也是新时代赋予"一群人的橙"的最重要内涵，是褚氏农业长远持续发展的法宝。

"一群人的橙"实际上是褚老思想理念的继承与发展，正如他在褚橙 2019 产品说明会所言，要在发扬"褚橙精神"的文化和传统下，不断发挥集体智慧和团队作用，完成新与旧、传与承的更替，建立起"共生共享"的核心企业文化，使褚橙品质迈上又一新台阶。

于传承坚守中创新开拓，于不变中应对万变。站在新的起跑线，褚氏农业以共谋、共创、共护、共享的"一群人的橙"理念，指引着褚橙走向更美好的未来。

---

[1] 腾讯网.陈春花：褚氏农业 20 年坚守做好三件事 [EB/OL].[2022-12-07].https://new.qq.com/rain/a/20221207A00IHH00.

[2] 中国日报网.从一个人的橙，到一群人的橙 褚一斌：2022 年铆足了劲等待绽放 [EB/OL].[2022-02-21].https://cn.chinadaily.com.cn/a/202202/21/WS62131cf7a3107be497a07158.html.

第二节

聚力科研

彩云之南，哀牢山上，金秋十月，果味飘香。一颗颗橙子挂满枝头，浓浓的果香扑鼻而来，沁人的橙香令人沉醉其中。摘下一颗橙子，轻轻剥皮，掰一瓣果肉放在嘴里，舒适的酸甜感，令人吃了一瓣又一瓣，似乎停不下嘴来。果然，1∶24 的黄金酸甜比，是我们最爱的中国甜。于这样的亲尝实践中，我们似乎找到了"褚橙为什么这么火爆"的最直白的答案——口感好。事实上，从农业产业领域看，一种水果要想多年如一日地保持相同的口感，是很难的。一场小小的降雨，甚至都可能影响水果最终的品质。从这一角度而言，褚橙并不是简单的橙子。是什么让褚橙如此与众不同？让我们去寻找褚橙背后蕴含的力量。

1. 中国农业科研中的杰出代表

说起褚橙，很多人的第一反应就一个字——"贵"。和普通冰糖橙相比，褚橙价格要贵上四五倍，也因此很多人将其称为"橙中茅台"。即便在 2020 年因受新冠疫情影响，中国水果市场整体形势下行的情况下，褚橙依然火爆畅销。对此现象，很多人发出疑问：为何褚橙能多年如一日地火爆？

通过对褚橙的研究，我们发现，抛开大众常见的答案——褚橙品质好、味道好、因褚老精神慕名而来等诸多因素外，其中最为人关注的，是褚橙被注入了科研力量，是众多科研人员的心血成果。就这一维度而

言，就不难理解褚橙为何被称为"橙中之王"了。

通常而言，农产品都是"看天吃饭"，其品质口感因每一年的光照、降雨、温度等变化而变化。可褚橙不一样，它不仅持续保持着1∶24的黄金酸甜比口感，而且其品质也从未下降，且随着时间的推移，还在不断提升。深究原因，则是农业科研力量在其中发挥了关键作用。

从橙树选种到苗木培育，从果园建设到田间管理，从采后处理到运输包装等各方面都有严格的技术标准。为种出健康、绿色、好吃的冰糖橙，褚氏农人还通过不断试验，找到了最为科学的基础设施布局，包括主干道、作业道设置，水利设施安装位置等。如此讲究科学，在水果界中确实少之又少。

此外，有机肥、滴灌技术、气象观测站等的应用，更是证明褚橙是富含科研力量的水果。如此种种，可以毫不夸张地说，褚橙不是应"天时""地利"而诞生的传统水果，而是农业科研成果中最为杰出的代表之一。

在科技兴农时代潮流下，把科技的种子种入更多褚氏农人心中，让他们向科技要答案，则是褚橙再出发的重要基底，也是褚橙走好现代化农业之路的必要条件。因此，于褚橙而言，科研的重要性与价值性不言而喻。强化科学研究力量，是褚氏农业高质量发展的不二选择。

2. 褚橙的科研探索

褚橙除被人们称为"励志橙"外，它还有一个外界很多大众不知道的名字，叫"科技橙"。《淮南子》中说，"见一叶落，而知岁之将暮"。褚橙种植已不再是简单的传统农业生产，而是实现了由"靠天吃饭"到

"知天而作"的转变。

事实上，追溯褚橙发展历史，可以看到，从褚橙种植基地的选择开始，就遵从了科学的原则。褚橙种植基地位于云南哀牢山自然保护区，红河上游，地处北纬24°，属于干热河谷地带。这里平均海拔在2000米以上，年均日照超2000小时，年降水量约为1200毫米，常年气温稳定在21~23℃，且全年无霜。这得天独厚的自然环境，赋予了褚橙不俗的口感。再加种植基地方圆5千米无居住村庄，20千米范围内无工矿企业，所以这里的生态环境非常好，奠定了褚橙绿色、健康、无污染的基调。

与此同时，褚老之所以将种植基地选在哀牢山，还有一个更大的理由。那就是玉溪市的柑橘研究所就在邻近的华宁县，且这个研究所专门研究冰糖橙的种植技术，能为后续产业的形成提供有效的技术支撑。此外，褚老还聘请掌握专业技术的员工，联系同在华宁县的牛山柑橘试验场，聘请该试验场的技术人员成为果园长期的技术辅导员。

如此，褚橙有了茁壮成长的科学起点，为后面褚橙种植规划、灌溉、修剪、控梢、减枝、病虫害防治、采摘等所有环节进行科学的标准化管控创造了前提条件。

2002年，褚老开始买地种橙子，但刚开始结出的橙子口感不好，味淡还酸，且风一吹就掉果。2006年，马静芬女士尝试着把橙子拉到昆明、上海、杭州等地去售卖，少有人问津。因此，卖不掉的橙子，只能一车一车地倒掉。为改变如此窘境，面对农业生产中诸多不可控的因素，褚老意识到，提升冰糖橙的品质迫在眉睫，且不能遵循靠天吃饭的传统农业规则。为此，他带领技术团队，充分发挥科学在褚橙中的作用。一方面，褚老在肥料上下功夫，自建化验室，研究土壤营养结构，

褚橙方法1: 重新定义品牌

通过系统分析出的数据结果，有针对性地研发出由糖泥、草木灰、鸡粪和烟梗等组成的有机肥，调整磷和氮的比例，提升土质有机质含量，并投资建厂自行生产肥料。另一方面，为随时了解褚橙种植基因的空气湿度、积温、降水量等要素变化，褚橙种植基地建立了气象观测站；为监测土壤营养情况，褚橙种植基地很早就建立有实验室，且与中国农业大学、云南农业大学等机构合作，加强对卫星遥感测控和测土施肥等技术的应用，这不仅提高了种植过程的科学规范性，还大幅提高了种植工作效率。

2015年，褚橙种植基地更是在褚橙种植中全面采用由甘霖科技集团提供的智能水肥一体化技术服务，将灌溉与施肥结合起来，根据当地气候和作物生长需求，把肥液与灌溉水源按比例混合，定量、均匀、准确地输送到作物根部土壤，使作物根系处的水和养分都十分均匀，解决了褚橙大小不一的问题。

除此之外，一系列的标准化措施在褚橙种植基地实施起来：

标准化养护： 控制植株间距与每棵橙树的花朵数量，定时剪枝控梢，保证每颗橙子吸收的养分充足且大小基本一样。

标准化灌溉： 为解决褚橙种植基地蓄水难题，褚老科学规划修建了园内蓄水池塘，且引入瀑布群水源，采用微喷技术，精准浇灌每一棵橙树，保证褚橙有了良好口感的基础。

标准化采摘： 先对成熟橙子进行测评，然后抽样采摘，再是人工筛选。正如褚氏农业总经理褚一斌所言："褚橙拣选是十分严格的，平均采摘100颗橙子只有60颗能够作为'褚橙'走出哀牢山，走向全国市场。"而装箱的褚橙，其可溶性固形物必须达到11.5%，因为冰糖橙达到这个指标，其甜度和口感最为适宜。

正是褚老这样将标准化的思维运用到农业生产上，才种出了模样、大小、橙皮厚度、口感等都一致的橙子。这样的"褚橙标准"，为中国农业现代化发展提供了有益参考。

不难看出，褚橙并非完全是"老天赏饭"的选手，而是"后天努力"的代表。而在这"后天努力"中，凝聚着无数科研人员为之默默付出的心血，农业科学技术在其中发挥了关键性作用。

3. 科研再绘起跑线

英特尔公司前首席执行官安迪·葛洛夫先生说："当一个企业发展到一定规模后，就会面临一个战略转折点。"因此，当褚橙利用农业科研成果，完成了自身的标准化、产业化发展赋能时，褚氏农人就已经开始了新的发展思考。他们要站在更宏大的视角去看待问题，而不仅仅局限于自身的一亩三分地。

面对新时代、新起点，为让农业科技与产业发展更紧密地结合起来，精准、高效解决种植中遇到的问题，从父亲手中接过接力棒的褚一斌秉着"他山之石，可以攻玉"的理念，坚持培养与引进、引才与引智相结合，拓宽人才来源，聚天下英才而用之。他曾经这样评价农业科技专家的作用："他们是高智商、高知识结构的人群，在专业上花了几十年的时间去研究，必然有他们的价值，这个价值又正好是我们缺乏的。"褚一斌先生在继承父亲留下的科研团队的同时还做了大量"政校企"的合作工作，以内外联动、合作共赢助力褚橙庄园发展。

2017年，在褚橙推动下，勐糯镇的各级领导专门到华中农业大学进行考察交流，并与中国工程院院士、现代农业（柑橘）产业技术体系

褚橙方法1：重新定义品牌

首席科学家邓秀新进行交流。不久，邓秀新院士又率专家组一行专门考察了龙陵基地。同年，邓秀新院士的院士工作站在褚橙基地正式揭牌。邓秀新院士现场指导育苗栽培到病虫害防控，为褚橙产业化注入强大的科技元素。2019年，龙陵基地实现产量6000吨，精选成品3000吨，成品率达到50%。

2021年10月23日，褚橙科技小院正式挂牌成立。这是一个在云南省农业厅牵头下，由云南褚氏农业与中国农业大学、云南农业大学等高校共同搭建的平台。该平台专家与科研人员以"发现问题、解决问题、创造价值"为导向，引导传统农业种植向标准化、产业化发展，共同探索科技创新服务产业需求的科技小院新模式。

同时，褚橙科技小院还从褚橙生产种植的各个环节解析褚橙成为优质水果的关键要素，并不断升级技术模式、开发技术标准，在持续赋能褚橙品质升级的同时，也为行业创造更多有益借鉴。

2023年，由褚橙科技小院、云南省绿色食品中心和云南褚氏农业共同提出的"冰糖橙绿色高效种植技术"，被云南省农业农村厅遴选为2023年云南省农业主推技术。在过去的几十年里，柑橘种植中化肥的使用量大幅增加，带来环境污染、资源利用率低、增产不增收、土壤质量下降等问题，而该技术的推广应用则对冰糖橙增产、化肥减量、土壤酸化改良、减排减损具有重要作用，对于推动柑橘产业绿色健康发展具有重要意义。毫不意外，褚橙科技小院正在发挥出其该有的风采，持续为农业现代化、产业化发展增光添彩。

科技小院创始人之一，中国农业大学李晓林教授评价道，褚橙科技小院校企合作的创新无形中开创了全国科技小院历史的先河，是一个新的创举。①

在加强对外合作共赢,持续发挥农业科研力量赋能褚橙品质提升、赋能中国农业产业发展外,褚氏农业还坚持加强农业科研人员的培养。

"今天你们看到我们的团队,农民兄弟是很缺乏自信的,一个没有自信的人,一个没有自信的群体,要突破创造是不可能的。所以我们首先找好角度、方向、出发点,然后大家在这个过程当中逐渐把信心提升起来。"②在2019年褚橙产品说明会上,褚一斌先生如是说。为此,他建立农民技能培训学校,加强农民科学培养,帮助农户形成科学种植理念,不断提升农民种植技能,向外输出人才、技术、品牌和产品。

2021年,为进一步助力乡村振兴,促进实现共同富裕,褚氏农业建立集实训、课堂、食宿为一体的柑橘种植技术培训中心。该培训中心将按照褚橙种植生产管理标准来组织学员培训,每期培训200人,其中农民占80%。③同时,培训中心还接纳来自全国各地的学员。学员们在课堂上听完专家、技术人员的理论讲解,就可以在褚橙老基地的田间地头直接参与实操,将种植理论知识与果园实践相结合。柑橘技术培训中心不仅培养出一批有技术的高素质新型农民,还为中国柑橘产业输送大量种植和管理人才,成了新平县乃至全国橙农的学习、观

---

① 国家农业绿色发展研究院. 产业需求引领农业科研的褚橙探索[EB/OL].[2022-05-09].https://naagd.cau.edu.cn/detail-54-578.html.

② 澎湃新闻. 专访褚一斌:褚橙公司计划6年上市,做好父亲褚时健未竟事业[EB/OL].[2022-09-22].https://www.thepaper.cn/newsDetail_forward_4494540.

③ 玉溪网. 褚氏农业:工业化理念如何用到农业上[EB/OL].[2023-04-06].http://t.yuxinet.cn:8182/c/2023/04/06/643132.shtml.

摩基地。

2022年10月29日，褚氏农业召开20周年发布会。会上褚一斌先生谈到，褚氏农业20年砥砺前行，在持续推动产品标准化的基础上，始终重视并致力于科研道路，让农业产业化道路走得更轻盈。为此，褚橙加大了科研投入，以解决柑橘产业发展中遇到的问题，开展技术、标准研究，从而种出更为优质的橙子。

作为柑橘产业中的龙头企业，褚氏农业将持续运用科技力量赋能褚橙产业化、现代化发展。同时积极输出标准化的种植管理经验，带动柑橘产业向前发展。20多年的"橙"心耕耘，褚氏农业将秉持创业初心，以科技力量再绘现代农业建设"起跑线"。

第三节

走向数字化转型

在褚橙干净整洁的生产车间内，全自动分拣体系正有序运作，一颗颗新鲜的橙子排列经过机器的传送带，就像是一场盛大的仪式。这一分拣体系可谓褚橙选果厂的智能"黑科技"，可以在不损伤果品的前提下，精确对每一颗果实进行杀菌、三维视觉测算、糖酸红外检测仪检测等全流程自动化，保障果实拣选的效率与结果。

这幅画面，是褚橙数字化转型成果的侧写之一。经过短短几年时间，褚橙庄园内已经处处充满高科技的身影。褚氏农业，也成为农业科技运用的标杆性企业。

1. 大势：用数字化改造传统农业

一家农业性质的企业与高科技接轨的背后，是褚橙观大局、识时务，拥有前瞻战略眼光的具体体现之一。对于褚橙而言，走向数字化转型之路，是当下与未来发展的必经之路。

当前，我国正面临"百年未有之大变局"的发展局势。不论是从宏观经济增长、产业结构发展水平、经济增长动力角度，还是从未来国际竞争角度来说，数字化转型已是中国经济增长的必经之路与强劲动力。正是在这样的大背景下，我国各个重要领域开始通过推动数字化、网络化与智能化技术，来推动主体升级组织结构、运营模式、文化等方面的转型。

农业是人类的衣食之源，生存之本，是我国国民经济基础，支撑着国家上层建筑的发展，重要程度无可替代。尤其党的二十大报告明确提出要加快建设农业强国。传统推动经济增长的三驾马车是消费、出口与投资。但近年来，全球经济环境不佳，出口与投资对于经济增长的效应正在下降，消费在三驾马车中的重要性日益凸显。这也是中国构建国际国内双循环新发展格局的重要原因之一。要实现国内大循环，就要发挥我国巨大的市场规模的潜力与优势，牢牢把握住扩大内需的战略。华夏基石管理咨询集团董事长彭剑锋在其文章中说过，中国未来的经济增长点在于乡村振兴，要让农民富起来，因此农业与中国下一轮经济增长有必然联系。在全面转型数字化的时代，农业要升级突围，拉动经济发展，最有效的路径就是数字化转型，用数字化思维去改造传统农业组织模式、供应链、资金技术等落后问题，实现现代农业的高质量、高科技发展，真正实现乡村振兴。

褚橙方法1：重新定义品牌

除了宏观的大背景，褚橙也有一定要发展数字化的理由。

相较于其他百年企业而言，褚氏农业还很年轻。但与刚起步时相比，如今的企业规模、产品类别、管理需求已不同往日，这也向管理人员提出更高的要求。只有建立一套与经营管控体系相匹配的信息系统，构建统一、支持集团多组织与层级的管理模式，规范统一业务流程，促进业务管理能力提升，支撑业务一体化发展，成功实现一体化、精细化、数字化，才能满足褚氏农业今后的发展需求，这也是最基础的条件。

另外，随着城市化的发展与人口增长的趋势，劳动力不足也是很多农业企业面临的共性问题。尤其是未来的 20～30 年，难有大量劳动力在田间工作，还需要人工智能进行生产辅助。而且，农业要实现标准化和数字化一直以来都是一道难题。如今，从种植业的整条产业链来看，市场上数字化程度最低的就是种植业，因为行业本身变量大，气候、地理、植物、人员等微妙变化，都决定了种植业的发展没有固定的模式，因此，种植业缺乏标准性的数据，也被贴上"看天吃饭"的行业标签。虽然褚橙的标准化生产在行业内已经遥遥领先，但与真正的数字化相比，还有一段较长的距离。如何把自然、人为等因素对果实的不利影响降至最低？数字化就是最重要的工具。这也是褚橙坚定要发展数字化的重要原因。

对于发展数字化，褚一斌先生说过："过去，我们是跟着褚时健先生一个人的指令来运作，但是今天，当我们没有了这个依赖，所有的企业管理者、渠道商、供应商、消费者如何实现链接？这个时候，数字画像、数字化体系的建设就显得尤为重要。"对于褚氏农业而言，种植业对数字化的需求是必然的，是必须要去做的事情。正因如此，褚一斌先生希望借助数字化，打造出"品牌+标准+数字化"的经营机制，探索轻资产运营，能够将褚橙的模式快速复制到"别人的土地"上，解决种植业数字化的难题，给种植业带来更大的增量空间。

过去 20 年，褚橙通过品牌与标准化占领了市场，下半场，褚橙是否能赢得胜利，数字化转型将是关键之一。

2. 承袭：数字化实践之路

"一位改变农业的老人""商界传奇"是众人对褚时健先生的评价。他改变了中国传统农业凭借经验种植的粗放模式，推行规模化、精细化、标准化的生产管理，推动了我国现代化农业的进程。他曾说："只要用先进的、科学的观点来经营农业，把工业的一些制度引进农业，就不用那么依赖老天了，把 70% 的依赖降到 30%，人就主动了。"

正因如此，数据一直是褚时健非常重视的指标。从褚橙这一品牌创立开始，只要是去果园，他都会随身携带一个小本子，然后把每一棵树的数据情况都记录在本子上，关注果树的生长情况。这也是褚氏农业早期数字化概念的体现之一。随着数字化时代的到来，褚时健作为一名出色的企业家，也一直坚信数字化管理是褚氏农业的必由之路，在世时积极主动与科技行业人士交流种植业数字化的可能性，希望通过数字化带动种植业发展。只不过，那时的数字化还相对简单，还处于数字化的碎片化阶段，利用率相对较低，更多是完善数字化能力的过程。

2019 年对于褚氏农业而言，是一个巨大的转折点，也是发展的关键年份。这年 3 月，褚时健先生因病在云南去世。褚氏农业核心人物的突然离世，让大众纷纷议论：没有褚时健的褚橙应该走向何方？走向数

褚橙方法1：重新定义品牌

字化转型是褚老对褚橙未来发展的期望之一，褚老之子褚一斌接过交接棒，承担起褚氏农业数字化转型的重任，让数字化开始逐步嵌入全流程。

标准化是数字化的基础，数字化是持续改进的基础，持续改进是效率和质量提升的必由之路。2019年6月，褚氏农业与金蝶软件（中国）有限公司正式确认合作关系，通过调研、技术沟通等，搭建起了一套数字化管理系统，即以"业财税一体化"为核心的数字化管理平台。

这一平台优化了褚氏农业的经营管理，价值突出。其中最为明显的是在这套系统建立以前，褚氏农业的子公司采用的财务系统并不统一，系统建立后，母公司与子公司之间的财务系统完全被打通，更易于管理，满足未来的高标准要求；从采购、收果，到加工、销售等全流程供应链数据也全部联通，更好追踪产品行迹等。

回顾褚氏农业2019年正式启动数字化以来的动作，前端生产、降本增效、供应链建设始终是其数字化建设的重点领域。

在生产端，减少自然环境对果实的不利影响，为果实创造更好的生长条件是最为重要的工作之一。数字化能从根本上改变公司的数据分析能力，提升应对问题能力，进而最大限度减少自然环境对果实品质的影响。

为此，褚氏农业在数字化转型之路上采取至关重要的举措——建立种植业大数据中心。中心将采集每一棵树的生长环境数据，涵盖地理位置、土壤质量、气候条件等指标，并充分分析水源、肥料等投入量与果实品质的关系，通过数据的收集、分析与模拟，每一棵树都有种植的参考方案。这为农户提供了种植智库，辅助农户按照更高的标准进行生产，真正做到顺天时、应地利，发挥种植基地独特的自然优势。

为利用哀牢山的气候优势，褚氏农业一方面不断对气象数据进行分析，并根据日照时间、昼夜温差等数据调整种植生长周期，让果实在最大程度上与当地气候和谐共处；另一方面，充分发挥数字化的优势，分析种植数据，并同样根据日照时间、昼夜温差等因素，调整果树的种植密度与挂果方向，保证橙子的质量。

不只是气候条件，土壤质量、营养供给、水源补给等因素同样对果实的质量有不可忽视的影响。除了花费重金修建饮水管线、水坝、蓄水池等硬件基础设施，引入国外先进灌溉技术来保障种植土壤的优质持水量外，褚氏农业还运用数字化技术，研究土壤的营养结构，利用大量的数据分析结果，有针对性地研发由糖泥、草木灰、鸡粪等组成有机肥料，提升土壤的肥力，保证果树的营养供给，为褚橙质量打下基础。

正如褚一斌所言："褚橙正通过数据系统将无数小数据汇聚成大数据，进一步赋能种植管理。"

在降本增效上，褚氏农业也积极通过数字化的手段来优化、提升农户的作业。如本节开头所说，通过建立分拣体系这一"黑科技"，代替传统的人工运作方式，运用可视化系统，无损检测果实的成熟度、糖酸比、褐霉变等，精确提升选品的检测技术与选品的质量，完善了农户工作结果的评价机制，让农户知晓所获报酬与果实的质量精准挂钩，提升农户的生产积极性，正向促进前端的生产。就糖酸比的检测而言，红外检测仪生产线可精确识别果实的糖度、酸度等理化指标，只选择糖酸比全面达标的高品质果实，分选果品的标准化达到95%以上。除此之外，通过数字化手段引入新型技术与小型农机，减少了人工在种植上的劳作时间，也提升了果实的"通关"率。

数字化与人力的协作，不仅解决了褚氏农业担心的劳动力不足的问

褚橙方法1：重新定义品牌

题，还让农户的作业方式进一步专业化、精细化，从依靠传统经验的种植观念，转变为依靠科学技术进行生产，进一步迈向了现代化农业。正如褚一斌所说，和农户们谈过多复杂的管理理念很难落实，但指标通过机器解读会很公平，让农户知道清晰的指标，就是实现让他们高效生产的方式。

在供应链系统的建设上，从全球范围来看，农产品的供应链相对滞后。因此，供应链成为未来农业发展的竞争焦点，而通过数字化能够建立现代供应链体系，打通产品与消费者之间的通道，精准实时掌控物流动向，这也是中国农业亟待突破与发展的事项。褚氏农业同样通过数字化，实现从采摘果实到加工、仓储、销售的信息化建设与全流程掌控，实现对全产业链的实时跟踪与评估，力争在最短的时间内，让消费者享用到最新鲜、最优质的果实。

当然，在推行数字化的道路上，褚氏农业也面临过一些较大挑战。除了技术上的突破，最大的难题在于兼具数字化与农业化能力的人才稀少。尤其种植生产的主体大多数为农户，他们对数字化没有概念。过去，他们的生产大部分都以师傅传授的经验去进行，但数字化呈现的结果往往会与过去经验呈现的结果有所差别。如何让农户接受数字化，并扭转传统的种植观念，是数字化推行上一个较大的难题。改变农户对数字化的认知之后，褚氏农业与数字化合作商需要亲力亲为教会他们运用手机进行数字化操作。

从 2019 年正式推行数字化转型开始，褚氏农业已经通过目前的数字化获得了有效的成效，从最明显的产量和营业指标来看，一项数据显示，在数字化转型的带动下，褚橙的亩产量已位居全球领先位置，品质优胜。2009 年，褚橙的年产量只有一两千吨，到 2021 年年底时，褚橙的年产量已经增至 2 万多吨。[①] 而这背后体现的，正是数字化的运用让种植的变量因素减少。不仅如此，数字化转型还让褚氏农业的利润增长率长期保持在 15%～30%。[②]

3. 积累：从自身到行业的赋能

为什么褚橙能够成功？在褚一斌看来，很大程度上得益于数字化系统的精确决策判断，以及向"智慧农业"迈进的战略。

中国农业产业要真正走向数字化，利用数据来决策，没有长时间的积累是不可能完成的。而褚氏农业是种植业内率先开展数字化转型的企业。从 2019 年开始，褚氏农业在逐步实现数字化转型的过程中，持续沉淀出相应的方法论，凝聚成一套有效的数字化管理模型。站在褚氏农业的角度而言，这套管理模型不仅要应用于自身，还要作用于整个行业，进一步推广至数字化程度较低的普遍性种植产业中，推动现代农业发展。

在自身取得阶段性成就后，作为民族企业，褚氏农业也肩负起农业行业变革的使命，并推动柑橘产业走向高质量、可持续的发展路子。

2021 年 7 月，褚氏农业与云南高校、金蝶软件公司在昆明签约共创共建柑橘产业链生态可信数字平台的战略合作。这一平台将升级褚氏

[①] 财时代. 褚氏农业：做好"橙子"数字化转型 与金蝶共推产业高标准发展 [EB/OL][2021-12-03].https://baijiahao.baidu.com/s?id=1718140008049364435.

[②] 中国农网. 智慧农业新实践，金蝶助力乡村振兴念好"数字经"[EB/OL].[2021-12-15].https://www.farmer.com.cn/2021/12/15/wap_99884308.html.

褚橙方法1：重新定义品牌

农业在生产端作业标准的数字化能力，并如同褚一斌先生所言构建起褚氏农业历史数据的数字化资产沉淀与模型分析的能力，升级用户体验场景，使得褚氏农业的数字化转型走向新的高度。除此之外，在这次合作中，三方设定了新的标的，即利用先进的数字技术聚焦柑橘产业，以科技带动柑橘产业的生产力，建设新型柑橘产业链生态，从而促进柑橘产业在乡村振兴、农民增收、农业发展方面的价值落地。

有研究表明，未来的农业必定是高端的产业，农业企业将成为高科技企业，要真正成为农业领域中的佼佼者，必须同时具备高科技与数字化的特点。其中，数字化必须打通整个产业的生态链。而褚橙所做的事情，就是如此。

在两代人的坚持下，褚氏农业通过积累能力的方式，攻克了种植业标准化与数字化的行业难题，为种植业的经营者指明了路标、路径与希望，为行业发展提供了样本。

数字化转型是一条漫漫长路，需要长期积累，褚氏农业还需要在这条道路上不断前行，必须保持足够的敬畏心，足够坚定，认真学习，从开始做，慢慢做，小心谨慎，为成为领先的农业科技企业而奋斗，让农业数字化转型拥有更多可能性，为中国经济增长创造动力，让农民更加幸福，更有尊严。

第二章
褚时健为什么选择种橙
CHAPTER 2

第二章 褚时健为什么选择种橙

时间拉回到1999年，当时云南省高级人民法院（1998）云高刑初字第1号刑事判决书生效：云南玉溪红塔烟草（集团）有限责任公司原董事长、总裁褚时健犯贪污罪、巨额财产来源不明罪，判处无期徒刑，剥夺政治权利终身。

这一年，褚老71岁。在狱中，昔日的"中国烟草大王"只是一位风烛残年的老人。似乎，这就是他晚年的结局。可是谁又会想到，褚老"就这样吧"的生活状态，被一颗冰糖橙打破了。

时至2002年，保外就医的褚老与马老在哀牢山新寨梁子自己的果园半山坡修建了一座两层小楼，与哀牢山星月相伴，开启了他们长达十多年的创业路程。

我非常幸运后来有机会推广和销售褚橙，能够从市场实践的角度来看褚老的选择。

第一节
越是细分，越有市场

在成都推广和销售褚橙的3年时间里，我一直在思考一个问题：褚老和褚橙带给我们最大的影响究竟是什么？如果不去谈论众所周知的励

褚橙方法1：重新定义品牌

志精神，我想，带给我们最大的可能是信心和对产品的再认识。褚老是一个产品家，几乎我碰到的所有去拜访褚老的人都会问褚老一个问题："您再创业为什么会选择种橙？"

之前在参与到褚橙成都的销售时，我也非常关心这个问题，而且也不止一次向褚老请教。这个问题背后有几个原因，一是褚老种橙时已经75岁，话说"十年树木"，如此高龄还要去做这么长周期的事情，对很多急于尽快见到结果的创业者来说，这真的是不可思议的事。二是褚老身体并不好，却选择一件十分耗费身体的事情去创业，这甚至和常规的逻辑背离。

关注褚老的读者一定知道，褚老在狱中，因为健康问题才获得保外就医的机会，身体不好却要到荒山野岭去种果树，这似乎也是一件矛盾的事情，所以有一些质疑的声音。作为我们这些了解更多情况的人，反而更加佩服褚老不愿意放弃的信念。即便是在身体不好的情况下，褚老也不愿意去过闲散精修的日子。

写到这里，特别向读者和朋友们解释一下写这本书时，我对褚老的称呼，无论是和褚老直接接触还是和周围的人沟通，更多时候我一直称呼他为褚老或者老爷子，而对于他的夫人马静芬女士，我则习惯称呼为马老或老太太。之所以如此称呼，源于我发自内心对他们的佩服、尊敬、感激和敬仰。当然，作为面向很多读者的一本书，可能一些读者对这样的称呼不习惯，也出于对行文写作的需要，我可能不得不在本书中的部分地方要直接称呼两位老人家的名字，特别向两位老人家和读者做一个说明。

继续回到刚才的疑问中来，为什么选择去种橙？我在另外一本出版的关于褚老的传记中曾写过一些故事性的情节，主要是因为褚老的家

第二章 褚时健为什么选择种橙

人。当褚老决定再创业时，如我们这样很多的创业者一样，其实面临非常多的选择，尤其是褚老身份特殊，拥有很多的选择机会，比如很多人邀请他去管理工厂，甚至开矿，但是褚老最终的选择是种橙。

褚橙的品类属于冰糖橙，是褚老从湖南引种到云南的，如今褚橙名满天下，受到很多人的追捧，我们在成都推广褚橙时，竟然有南京、浙江的用户过来购买。

冰糖橙其实早在褚老引种的十多年前在湖南就已经大面积种植，也不算什么稀有品种。

褚老为什么一下就选中了种橙子？

这里面有偶然因素，也有必然因素。

一开始选择种橙，是在褚老入狱后，当时，他的弟弟褚时佐带着一些自家种的冰糖橙去看他，褚老吃过几颗冰糖橙后觉得果子味道不错，味甜汁多。当即，他就产生了种橙子的想法。在狱中时，他与褚时佐商议承包1000多亩（1亩≈666.7平方米）山地来种橙子，褚时佐先种，褚老来想办法筹资。

褚老还在服刑期间，就投资了640万元，承包了新平县水塘镇1400多亩山地，由褚时佐管理。

"出狱后，种橙子"，这时的褚老对生活有了新的期盼。

于是，在监狱里爬山的时候，他开始用脚步丈量，多少平方米栽一棵树，一亩地种多少棵合适……可以想象，那时褚老的大脑正在飞速地运转，心里有一种彻夜难眠的激动。

一直到2001年，褚老糖尿病恶化，甚至一度无法起身行走。在这样的情况下，他获准保外就医，回到了玉溪卷烟厂红塔集团职工宿舍。

出狱后，不少人来找褚老做生意，有让他去烟厂当顾问的，有让他

褚橙方法1: 重新定义品牌

去搞矿的,开价都是几十万元,褚老衡量许久都没答应。

"我要到新平种冰糖橙。"在家调养身体的褚老闲不住,给朋友们这样的答复。朋友们乍一听感觉很突然,却不知这个想法早就在褚老心里生根发芽。

偶然性就是褚老经常说的,"闲不住"、"想要晚年过得好一点"以及"哀牢山自然条件不错"。

但实际上,褚老选择冰糖橙有他常年游走在市场一线的敏锐感,橙子的产品延展性强,多数水果只适合用来做混合果汁,但橙子可以单独做成橙汁,这是他一开始就想到了的。此外,橙子属于大众水果,消费群体众多,易运输、耐储存。这也是褚橙在2012年大火、走向全国的必然要素。

褚老做过调查,超市里的"新奇士"橙子价格是国内橙子的10倍,卖相最好,但味道偏酸,不适合中国人的口味,可即使如此,依然有大量人去购买,说明市场有这方面的需求。

而且,种水果的净土就在云南,而要说种橙子,地处云南腹地的哀牢山更有优势。那里日照长,空气好,水洁净,加上果园海拔在1300米左右,昼夜温差大,这都是好果子生长的基础条件。

一开始,除了冰糖橙,褚老在果园还种了5万棵温州蜜柑。一方面,冰糖橙树苗种下之后,要不停地改良培育,用了6年时间才实现真正挂果,在这期间,温州蜜柑可作为过渡种植。另一方面,这种作物的卖价约比冰糖橙便宜一半,成熟期也不同,可以缓解市场压力。

2008年南方雪灾,褚老敏锐地察觉到,雪灾肯定对湖南冰糖橙产量有很大影响,来年的市场要有大的变化。他决定将果园的5万棵温州蜜柑挖掉,全部改种冰糖橙。

据果园的农户回忆，当时基地的温州蜜柑已经挂果了，还有六七个月就可以收获，全部挖掉相当于舍弃价值200多万元的果子。"太可惜了"。

但后来消费市场证明，褚老的决定是正确的。第二年，南方的冰糖橙的确减产很多，反而促使褚橙果品销售盈利大涨，达到了1000万元。

现在来看，从某种程度上说，褚橙一定算是创业者眼中的"优质项目"。

2012年至今，很多想做水果生意的人知道我在成都推广和销售褚橙之后，纷纷找上门来，他们都向我询问一个问题，怎么才能像褚老一样选中一个既符合消费者真实需求，又可社会化营销的绝佳产品？

其实，越是细分的领域，越有市场。冰糖橙是一个品类，但是没有品牌，就像褚老之前做烟，香烟市场很大，但是品牌产品不多。橙子市场十分细分，可市场却很大，很多人都喜欢吃橙子，但是这个领域先前只有一些比较小的地方品牌，所以冰糖橙正属于品牌的诸侯割据时代，没有领导者。对于醉心质量的褚老，显然他一开始就充满信心，可以做出类似先前做烟的市场。

不过褚老和马老十分谦虚，每次和他们聊到这个话题，他们总是说，那时选择种橙，只是希望做一件事情，没有想要做到特别大，后来一边做一边扩大，市场推着公司在发展。不过如果你留心一下褚橙的包装——过去的包装上一直是"云冠"牌，略微分析联想一下，你是否会想到云南冠军呢？如果说商标有这个含义，你会觉得两位老人家只是随便找一件事情做吗？

就我所知道的更多情况是，两位老人家其实在种植褚橙之前，也种过一些其他有云南特色的东西，经过一段时间的摸索，才最终选择了冰

褚橙方法1：重新定义品牌

糖橙。

褚橙这个名字是市场给予云冠橙的烙印，后来才被申请注册为商标。以褚橙来看，在农业领域里，冰糖橙就属于一个细分市场，而且没有强大的竞争对手。

第一，消费者可能因为酸甜喜好、懒得洗、懒得切、牙齿咬不动等原因而不吃蓝莓、西瓜、枇杷之类的水果，但冰糖橙没有上述问题，因此拥有大量的消费者。

第二，橙子相对比较容易保存，不像樱桃、荔枝、李子等生命周期太短，而且也比猕猴桃、桑葚、圣女果等更方便运输和批量售出。

第三，橙子的产品延展性强，多数水果只适合用来做混合果汁，但橙子可以单独做成橙汁，这也是褚老一开始就想到了的。

第四，在进口水果风潮袭来的时候，褚橙却规避了与它们的竞争。市面上出现的进口水果，主攻方向都是猕猴桃、葡萄、莲雾、榴梿、蓝莓等，还没有橙子品类的竞争。就连美国的新奇士橙也因口味偏酸而没有得到消费者的喜爱。

在营销褚橙的3年中，我们不断总结，什么样的创业项目才是有前景的。一些企业可能会采用SWOT分析、战略分析、行业调查等方式，去评估一个产品是否有市场，是否有成长空间。但我觉得，就像硅谷创业教父保罗·格雷厄姆的合伙人哈金·塔格所说："对于初创公司的业务方向，我还是倾向于去搞些能赚钱且有明显的初始需求的东西，哪怕是搞一个看起来很傻的网站。"做水果也好，做其他产业也好，很多时候，你应该从市场的实际需求出发，而这种还没有完全被"霸占"的需求往往出现在细分市场。

越是细分，就越容易有市场，越能成为行业的隐形冠军。越是极度分散的行业，反而越容易胜出。任何大的市场都是错误的选择，而且已经存在行业领袖的大市场更糟糕。进入大的市场，你只能去消化大竞争者剩下的残羹冷炙，残酷的竞争将把你打败。

第二节
做代表未来趋势的事情

褚老在出狱时，有人请他做煤炭，有人请他做烟。他都拒绝了。

大家并不知道，褚老在种橙子之前还种过鲜花。

褚老之前做糖做烟，他的这些选择和后来种橙有非常大的不同，之前他做的事情更多的是来自行政式的安排，然后他通过管理和努力，实现所管理企业的腾飞。即便如此，我们也发现一个规律，那就是他总能抓住代表未来趋势的机会，或者说他选择的是做代表未来趋势的事情。

简单说下烟草，在褚老的烟草管理生涯中，正是中国烟草发展的黄金时代，褚老不仅抓住了趋势，甚至还引领了趋势。

关于这个观点，说说我们和两位老人家接触的关于苹果的故事。外界很少人知道，我们一直在为推出"褚苹果"做准备。

有一次深夜，我和褚老的夫人马老沟通如何销售新的苹果，我们达成的意见是，不要打褚橙的品牌，也就是说，如果苹果没有名气，如何去卖？她的答案是："你切开让人家吃，吃好了再买！"后来她补充说了一句，"我们以前也这么卖！"

这让我意识到褚橙曾经的艰难岁月，同时也感受到品质好的产品的

褚橙方法1: 重新定义品牌

魅力和两位老人家对自己所种冰糖橙的自信。

这次交流之前去褚老家，他和马老拿出几个苹果削给我尝，然后问我对品质的看法："你先吃吃，然后再说说！"

我知道两位老人家有一个特点，喜欢听真话、直话。有几次我们聊天时，有慕名而来的人前来拜访，老人家的大门总是开着，然后直接就问："你有什么事？你说，问题是什么？"

"这个苹果不好看，太丑了，而且形状不对称，是歪的，缺卖相。"我真实地说出自己的感受。这个苹果样子看起来很丑，而且颜色不均匀，像市场上的丑苹果，但是吃起来脆甜多汁，化渣留香，我的确猜不出它的产地。"样子丑，但是口味很好，比我以前吃的苹果好吃，肯定不是昭通苹果，这个口味留得住人，哪里种的？"

褚老后来告诉我这个苹果就是云南的高原苹果，确实不是产自昭通，因为没有经过人为的控制，所以外形和色泽不好。原来他们已经有尝试种植苹果的计划，马老还问我这个苹果的市场估价。

经过一段时间的沟通，马老同意给我一批苹果去做市场试验，后来我拿了几十吨这种苹果给我们的用户来做试验销售，我们把它命名为高原苹果。市场反馈和我第一次品尝到的情况很接近，味道很好，样子很丑，所以拥有很大的改进空间。

苹果的销售是一个和褚橙形成鲜明对比的案例。当然在我追随褚橙销售苹果的过程中，我也感到农产品的标准化道路很难，农业领域的创业，比如要做好一个品类，更需要像褚老团队一样十年如一日的持续努力。

在我们为这个苹果的销售做准备的时候，外界慢慢有了一些声音，我们来看看一些公开的消息和报道。

第二章　褚时健为什么选择种橙

2014年年底，云南、山东地区的媒体相继曝出《褚时健要到曲靖种苹果 已签万亩基地项目协议》《褚时健到马龙县考察苹果产业》《种褚橙不算完，还要种"褚苹果"》的新闻，称褚老接下来将涉足苹果种植行业。

2014年12月5日，云南曲靖马龙县农业信息网刊登了褚老前去考察苹果产业的新闻。从照片上看，天下着小雨，满头白发的褚老认真听着技术人员的介绍。在这一行人中，还出现了褚老儿子褚一斌的身影。

之后没多久，媒体消息称，褚橙庄园与马龙县签订了万亩苹果基地项目协议。未来3年，褚老将在马龙分两期建设1万亩马龙苹果种植基地。

"是的，苹果我们已经在接触。20多年前云南从北方拿来的苹果种子，在海拔2000米高的地方种植，结果发现其品质比其他地方的都好。"老人全程语调平缓，谈到这里略微提高了一点声音，"马龙苹果样子难看，都是些歪苹果，但是脆、甜！吃着舒服。"

"种这个苹果啊，要控制好一点：海拔高度要在2000～2200米之间。这样的高原苹果口感最好。"褚老说。经营苹果，不只要抓品牌包装和营销，还要从种植环节上进行技术改良，兼顾卖相和口感。

其实苹果这个大的品类和冰糖橙有异曲同工之妙，这个细分水果领域的消费者很多，除了品种上的区别和一些地域性品牌外，行业里并没有类似冰糖橙行业中褚橙这样的大牌。

一个必须说明的背景是：最近几年，中国越发重视农业，农业是典型的风口行业，褚橙持续火爆，显然与这个大的背景趋势密切相关。而且褚橙团队的强项更多地聚集在种植管理的上游，品牌农产品真的是种出来的，而不是吹出来的，褚橙团队所坚持的品质种植正在成为行业的

褚橙方法1：重新定义品牌

发展趋势。

我们通过和大量的农业企业接触，明显感觉到农业领域的公司分化很严重，主要是偏种植和偏营销型，我们坚持认为，农业领域的趋势一定是品质优先。

不管什么时候去褚橙庄园，和工人们聊天时，我总是感觉褚老的精神无处不在，尤其是他坚持的品质，已经深入工人们心中——工人们讲出来的观点和褚老的观点十分接近，几乎都在强调要做好品质管理。

第三章
褚橙是怎么种出来的

CHAPTER 3

第三章 褚橙是怎么种出来的

第一节
标准化，标准化，还是标准化

每棵树只留 240 朵花

每亩地 80 棵果树

株距 2 米，行距 3 米

每棵树每年施 150 千克有机肥

每年剪三次梢

……

我在投身农业领域之后发现，生鲜电商发展非常快，包括褚橙在全国的知名度打开，电商起到了十分重要的作用，但是褚橙最让我刮目相看的是，作为水果，它从种植到包装，都是高度标准化的。国际知名的都乐（Dole）为什么可以把菠萝推向全球市场？首先就是完成了产品的标准化。

在很多读者看来，完成产品的标准化似乎并不难，但是你想想漫山遍野的冰糖橙要种出几乎统一的味道、果型，然后包装、重量等都要做到标准化，这真的太不容易了，尤其是在种植环节。

关于褚橙，我经常和北京嘉博文公司的首席科学家于家伊博士沟

 **褚橙方法1：** 重新定义品牌

通，她是餐厨垃圾循环发酵成有机肥技术的核心发明人之一。我们在多次去褚橙庄园基地、肥场调研后发现，褚老在种植冰糖橙的肥料等投入品以及用药等方面，都形成了良好的体系，很多农业公司之所以无法规模化地种出品质一致的水果，是因为在管理和投入品上的标准化非常不够。

其实，种水果和做其他产品一样，无标准不立。同一款手机，从芯片、螺丝到外壳，一旦脱离标准，就会沦为"次品"；同样规格的衣服，一件大一点，一件小一点，一定会被"差评"；一样的螺丝钉，稍微长了或者短了，都无法用在合适的位置上。

在人们心目中，手机、衣服、螺丝钉等，不标准就不能称之为产品。但是，在褚橙面市之前，消费者很少想过农产品味道一致这件事。大家早已习惯了不一样的口感，甚至从未感受过水果口感的一致性。

白菜的味道要一样吗？葡萄的味道要一样吗？可以说，在所有行业里，"农产品口感一致性"是最难突破的。由于最难解决，人们选择了忽视。

正在问题快被遗忘的时候，褚橙出现了，证明了"一致性"是可以实现的。用专业的话来说，褚橙的口感是1∶24的黄金酸甜比，保持了农产品的一致性。

对于"口味一致性"这一抽象概念，可以用"炒菜"来做个比喻，同样的原料、佐料，不同厨师来做，菜的味道不统一。而具体到农产品种植，由于水源、肥料、气候等多方面存在细微差异，口味很难一致。

对此，褚老也认为，农产品和工业产品不同，它很难有一个细致的量化标准。但是，他同时认为，农产品也要像工业产品一样，实现标准化，强调果实的一致性。"农产品也要有辨识度，这不单是指产品包装，

还要让消费者一吃就能辨别出来。"

有人评价褚橙是"农业工业化"的产品。我并不完全赞同这样的看法，工业始终是机械的，执行的是一种近乎死板的标准。而农业的标准是自然的、灵动的，两者实际无法并行。纯粹地讲，"农业标准化""农产品一致性"就能独立代表一种理念。

有一次，一位果农拿出一颗橙子，对褚橙的工作人员说："这个果子比褚橙甜，你尝尝。"工作人员尝完后说："的确比褚橙甜，但是你能保证每一颗果子都这么甜吗？"果农被这个问题问住了。

"每个橙子大小差不多，颜色差不多，光泽差不多，吃起来甜甜的，也不失酸味，跟其他橙子不一样。一个水果能够有如此稳定的发挥，令人吃惊。""每个橙子口味一样，更难得的是，它甜而不腻，不会有吃厌的感觉。"消费者就像发现新大陆一样，从不吝啬对褚橙口感一致的惊叹。

而农业人更迫切地想知道如何种出口感一致的水果。不仅如此，更多非农业人也有疑惑：这么难的事情，褚时健是怎么做到的？

在多次实地考察褚橙果园之后，我们得出一个结论：标准，标准，还是标准！

说到标准，可能在一些读者的脑海里会呈现出一些具体的条款，或者说规则，而褚橙的标准在我看来有两个方面：一个是技术性标准的要求，比如，什么时候施肥？施肥的用量是多少？褚老做了十多年的试验，在品质和成本之间有一个比较精准的度；另一个标准应该是标准的执行，比如，要给果树施肥或者驱赶一些虫害，果农们可以按照标准执行，褚橙的标准中要求3天之内3000亩的园子要完成一次病虫害处理，果农们的行动就真的可以达到这个标准。

褚橙方法1：重新定义品牌

1. 滴灌解决橙子大小不一问题

褚橙究竟是如何种植出来的，如果要一一写出来，恐怕讲三天三夜也讲不完，褚老用十多年的时间才摸索出如何种出超高水准的冰糖橙，他的那些经验在学者黄铁鹰先生看来，没有人能学会。我也十分支持他的观点。很多人要复制褚橙的种植，但是很多年过去了，大都成绩平平。

在云南的哀牢山中，褚橙庄园别具一格，它独立于一个山头，房子立于山顶，果树围山而长，一山连一山，都是冰糖橙树。在庄园的周围，后来有了很多冰糖橙基地，这些基地几乎都是褚橙庄园的学习者，其中一些基地的冰糖橙已经挂果几年，但是，无论是果子外形还是口感，都无法与褚橙相提并论，当然价格同样差别很大。

我曾和于家伊博士一起仔细考察过褚橙各个新老基地的土壤，那些土壤的改良成本极高，甚至有些贫瘠的土壤成了优良土壤，被褚老种出了口感领先的冰糖橙。我在这一节里面主要写的是褚橙庄园在种植冰糖橙方面的一些非常特质，希望对农业领域的专业读者有所帮助。事实上，我能写出的仅是极少部分，相比褚老的长期实验和努力，这些文字远远不能描述出褚橙的优越种植方法，因此仅为关注者提供一扇窗。我想，学习种褚橙，最好的方式应是深入褚橙基地，和果农们吃住行在一起。

褚橙庄园的夜晚特别静谧，繁星似乎触手可及，夜幕下，那些果树随风而动，它们在安静地积蓄力量，回报那些用心种植的果农和褚老团队。

水乃生命之源。俗话说，一方水土养一方人。农产品种植也是如此，一样的水，才有可能养出一样的果树，结出一样的果实。

在褚橙果园，每排橙子树下都缠绕着一条黑色塑胶水管。王石与褚老在果园闲逛时，就曾问过褚老："您是采取的滴灌技术吧？"褚老回复他："这个技术嘛，价钱是高点，但我们这里太阳太大，喷灌不行。"

这种以色列滴灌技术，简单来说，就是一种半自动化的机械灌溉方式，安装好的滴灌设备，只要在使用时打开阀门，调至适当的压力，即可把水分送到作物根区自行灌溉。

这就意味着，在技术的操控下，不论果树是在高处还是低处，都能喝到一样的水。且运用滴灌技术，只让作物根部的一部分土湿润，这样能减少水分蒸发，其他地方的土没多大含水量，能有效抑制杂草生长。而且，因为采取点滴灌溉的形式，所以非常节约水源，水肥利用率近100%。

更重要的是，在果子糖酸代谢最主要的阶段，通过控制滴灌的水量，能够让果子达到适宜的酸甜度。

同时，滴灌还有助于解决橙子大小不一的问题。一般情况下，靠近水源的果树长得更粗壮，而离水源远的果树长得瘦小，导致橙子的品质差别大。地里水太多，橙子不甜；地里水太少，橙子个头会小，水分不足，影响果子甘甜的品质。在此情况下，滴灌技术就能进行"补偿性灌溉"，山上、山下用水平衡，所有果树均衡生长，而且会越长越美，长出的橙子糖度均匀，口感一致。

"修建水坝、蓄水池，安置输水管道，布置滴水软管，调节水压……几乎每一个流程，褚大爹都会亲自查看，他喜欢学习研究每一个细节问题。"果园的工作人员讲道，"老人家对于技术的专注和热爱，值得每一个人敬佩。"

我们每一次和褚老接触，总离不开水源种植这些话题，褚老和马老

 褚橙方法1: 重新定义品牌

十分愿意和别人分享，尤其是欢迎专业人士来交流，他们都说："你有好技术，我们也要学习！"

2. 农作物需要一致的营养

农作物与肥料，就如同人与食物。只有营养均衡，才能健康成长。在一定的范围内合理供给肥料，才有可能培育出相同体质的作物，产出同等品质的产品。

褚老以前管理烟厂的时候，对烟叶专业种植非常精通。当时，最困扰他的就是施肥问题。烟草需要施氮肥、磷肥、钾肥，但国内缺少烤烟需要的硫酸钾肥料，褚老想了各种法子，最终从智利进口了大批钾肥，经过加工后使用，这才解决了施肥问题。

不过，烟草与冰糖橙是两种截然不同的作物，显然不能用同样的专业知识来指导栽种。这一次，褚老没有请"外援"，而是选择"自助"。

去过褚橙基地的人都会看到，基地建有一个肥料厂，一年产六七千吨有机肥，数量不算小。褚橙基地内，一棵树一年能分到15千克左右的有机肥，能做到自给自足，而且大大改善了土壤条件。

我和国家农药生物研究院的杨主任、德国色瑞斯中国中心的李主任，还有另外一批专家一起多次到褚橙新老基地深入考察过褚橙的各种种植投入品，我们发现：褚老的技术广受赞誉，比如，肥料投入，褚老投向3000亩基地的肥料尽量做到了一致性；基地用的是褚老自己摸索出来的有机肥配方。

我们在褚老的有机肥厂里了解到，按照褚老的独家配方，褚橙的有机肥由糖泥、鸡粪和烟梗组合而成。简单来说，这是一种采用农家肥和

含高钾高钠的烟梗混合而成的有机肥。

没有人比褚老更了解烟梗了,在烟厂20年的经历,让他积累了丰富的专业知识。利用烟梗作为肥料原料,是褚老的独创。烟梗是烟叶的粗硬叶脉,占叶重25%~30%。最重要的是,烟梗钾含量高达7%,是非常经济的有机质源。作为烟草生产大国,我国每年约有数十万吨烟梗废弃物被弃置浪费。而在烟叶生产重地云南,从不缺烟梗。

另外,在甘蔗出产大省云南,就地获得糖泥原料,也不费力。这样一来,褚橙基地正好"变废为宝",既得到了最佳的有机肥,又合理利用了废弃资源。

更重要的是,褚橙肥料厂的农家有机肥,从原料到配方,都设置了严格的标准和比例,以保证肥料的一致性。肥料厂的技术人员告诉我,基地每年都会监控和化验土壤,而根据化验结果,肥料厂要调配和生产出不同的有机肥料,以适应土壤的变化,调节土壤环境。

"我的化验数据做出来,他一眼就能看出来要怎么改善土壤。"一位土壤化验师告诉我。褚老每月初和月底一定会去基地,去了以后就一头扎进地里,他对果园里的"每一寸"土地都很熟悉。

在口感一致的问题上,褚老是个孤独的坚守者。2005年,褚橙果园3000棵老树结出了果实,但口感却很淡,不好吃。果园的技术人员一致认为,这个品种就是这样,改变不了。而且树龄都有20年了,果实味道不好也是情理之中。没有人相信,这些老树还能结出好果。

然而,褚老却一心想要解决这个问题。在一次谈天时,褚老对我说:"我了解烟草种植,我认为农作物的种植是相通的,无非是光照、肥料、灌溉等知识。我晚上睡不着觉,就看专业书,白天和技术人员实践,遇到大问题就请教专家,不断地学习。"

凭着这股学习热情,在大家都放弃了的时候,褚老冥思苦想找出了果味淡的症结所在——氮肥太多。于是,果园很快调整了老树的肥料结构,第二年,这些老树结的果实达到了这个品种的最高标准。

可以说,如果没有褚老的坚持,今天的消费者就吃不到口感一致的褚橙了。

3. 阳光要照透

如今褚橙的口感非常一致,脆甜多汁,远超过普通的冰糖橙,我一朋友甚至说"吃了褚橙,天下无橙"。

这样的赞誉对于褚橙的品质来说毫不为过,但是褚老种的果子,并不是一开始就酸甜比恰到好处,果粒脆度极佳的。

几年前,褚橙的味道也是各不相同,有的果子味淡,有的果子偏酸。一棵树上长出来的果子,吸收的是同样的肥料,为什么酸甜不一呢?

褚老先人一步去想了,而且做出了改变。"酸甜度不理想,说明果树结构有问题。"褚老解释。一句话说,就是枝条太密了,导致阳光照射不均匀。

一般情况下,阳光照射充足的树枝,果子的弹性好、味道好,反之,日照不充分的枝条,结出的果子偏酸、味淡。就这样,果园里又掀起了一场"剪枝运动"。

果园的产量和果农密切相关。对于褚老提出的种植意见,果农们搞不懂。在他们看来,果树的枝条越多产量越高,卖的钱就会更多。他们先前并不太关心果实的口感,也不太相信阳光照射均匀就能收获标准酸甜度的果子,从重量的角度说,多挂果一般产量都要更高一些。

褚老首先要说服这些果农们行动起来，对于一份工作，很多人的想法很简单，多挣钱或者有精神层面的收获。当时对于果园里面的果农来说，追随褚老再创业，有精神方面的支撑，同时不可否认，也十分在乎个人收入。

这时候，褚老没有跟果农多讲口感一致性的专业知识，而是换个方法，给他们算了一笔账："如果不剪枝，果子结多了挂不住也是浪费。而且果实品质被破坏，橙子不好吃，谁还来买？别人的橙子8毛一斤，褚橙卖8元一斤，哪怕我们的成本更高，但多出的利润可不止几毛钱。"

剪枝怎么剪？褚老比较了各地的修剪办法，摸索出一条哀牢山的标准：不管是正面还是侧面，阳光从各个角度都可以照到，才算合格。在褚橙果园，负责剪枝的就有200多人，这实在是一个"劳力活"。

果园的工作人员告诉过我，为了让果树的受光程度更高，剪枝的方法还在持续改进中。每年到剪枝的时候，褚老都会把几位技术人员召集起来，让每个人按自己的方法，修剪4～5棵树。

他也会提出自己的方案，让技术人员帮助修剪。然后定期来查看这些试验地里不同剪法的果树的开花、挂果情况。根据年底的产量和综合评估，其中表现最好的，会推广给农户。

现在到褚橙果园参观，如果碰上一个果农，他都能随口说出褚老的种植要求，"每棵树只留240朵花，保障每一个橙子有足够的光照和养分。"

后来的事实证明，这样剪枝的确符合果树产果的生长要求，按照褚老的种植方法，橙子产量不降反升，而且口感一致这件事情，让果农们成就感爆棚。果子的口感更好了，产量增加了，对褚老、果农来说，皆大欢喜。

褚橙方法1：重新定义品牌

第二节

另类农业成本投入法——有舍才有得

如今我们在纸上谈论褚老的果树种植，感觉似乎一切都不那么难，但当你真的走进果园，在 40℃的高温下，看到一位老人在树下和果农讲枝条如何修剪，施肥如何配比，老人家甚至还要亲自动手示范，一定会备感震撼。

至少在我接触褚老的场景里，我是十分震撼和佩服的。不仅是这些技术领域的场景，还有在农业的投资领域，褚老也敢为人先地进入陌生领域，若发现在这个领域方向不对，褚老也敢壮士断腕，回头再来。

当你花了很多钱，用了 4 年时间，好不容易养成了一片规模化的果林，你舍得砍掉一半吗？

很多人都舍不得，因为他们不懂卸掉包袱反而会走得更远的道理。事实上，农业就是这样，当你对资产有了合理的控制，你就不会觉得它"很重"。

褚老砍树，被众多果农津津乐道。你去果园里找果农聊天，他们每次讲起来，都有一种惊险刺激的感觉。"只见过种树，没见过谁会把好端端的树砍掉，我们当时觉得太冒险了。"

2006 年，褚橙果园栽种了 4 年的新果树第一次挂果，大家盼星星，盼月亮，等到了这年的收获季节。然而事与愿违，果园 2400 亩新果树，总共只收了 14 吨果子。

加上老果树的产量，当年果园的总产量仅 1000 吨。为此，褚老忧心得睡不着觉，连日看农业书籍探究原因。

按常理，果树落果是一种自然生理现象，发育不佳的果子停止了发育，落下枝头。但是那一年，果树落果严重，有些不该掉的果实也掉了，这是摆在褚老面前的难题。

果树落果的原因很多，主要包括病虫害、肥水不足、挂果太多、天气影响等。那么，褚橙落果是为什么呢？据农户们回忆，那段时间，褚老到果园的次数明显多了，而且待的时间很长。

"他常常看着果树，大家也不知道他是在看树叶还是在看树干。有时候他蹲在树边左右看看，有时候盯着果树，一动不动，不知道他到底在研究什么。"

褚老没有让果农们等太久，他很快就有了重大发现。据他分析，褚橙基地一亩地种了148棵树，这个数量太多了。新苗小的时候，没有什么影响。但是果树长大后，树木之间的空间变窄，相互就会争夺阳光和养分。

也就是说，被树叶遮挡住不见阳光的地方，原本是有果实的，但因为树木太多，阳光和养分都不足，导致大量藏在里面的果实停止发育，提早掉落。

解决这个问题的办法很简单，就是砍树。在这一点上，褚老非常果断，并最终成功说服了"心疼"果树的农户们。那一年，褚橙果园一下子砍掉了近一万棵果树。

从此之后，果园每年砍掉10%的果树。砍了七八年，现在每亩地仅80棵果树。与此同时，果树产量不降反升。随着新果树不断增产，褚橙的总产量也是年年攀升。

2008年，果园总产量3000吨；

2009年，果园总产量4000吨；

2012 年，果园总产量突破万吨大关；

2013 年，果园总产量达到 11000 吨；

2014 年，受干旱影响，果园总产量 9000 吨；

……

2022 年，果园总产量 27000 吨。

果树少了，不仅让经济效益提升，而且使得原本杂乱拥挤的果园一下子变得干净利落了许多。"每亩地 80 棵果树，株距 2 米，行距 3 米"——这就是褚橙果园的标准设计。如今，到褚橙庄园游玩的旅客，将规整的果林当成了一处独有的风景，无不赞叹褚老布局的精妙。

在褚老的种植经验里，"剪枝"不仅能够使果树接受充足的阳光，长出标准的果实，更关系到果树生命的长短。广东、广西地区种冰糖橙的同行询问褚老："很多果园的果树生长七八年就衰了，为什么您的老树还挂果？果树到底几年会被淘汰？"褚老说，"30 年"（一般果树是 20 多年）。

"果树生命的更新需要剪枝的配合。"褚老讲道，"老枝如果回缩的话，就把它剪了丢掉，剪掉以后冒的新枝多，根也冒得多。老根上长出新根，肥料吸收更好。另外，上、中、下的老枝条都要剪，今年剪一部分，明年剪一部分，3 年一个周期，果树的自我更新就完成了。"

在一些农户看来，树枝多，产量就更大。但褚老告诉他们，按照科学的办法剪掉不必要的树梢，才可能达到更高的产量。即便投入的人力成本很大，这也是一件非常必要的事情。

每一年，褚老对剪梢这件事盯得很紧。按季节划分，剪梢分为剪春梢、剪夏梢和剪秋梢。春梢分为两种，有花的就是能结果的枝，要留着；没花的就要剪掉，就叫"剪春梢"。枝丫剪开了，光照更充分，果树就稳产；若不修剪，平均下来的产量就会差很多。

等到夏梢长出来之后，它们会和果子争夺营养，影响稳果，这个时候要除去一部分树梢，又称作"抹梢"，以稳固果子。果子长稳了，必须停止抹梢，保护秋梢，因为秋梢越壮，果子越好。

据了解，褚橙每年一般要除4～6次夏梢。

按褚老的习惯，他每个月会有三四次到果园树下，对着树说说话。这些果树不超过2米高，比人高不了多少。它们静静地站立着，好似在和它们的老朋友褚老交流谈心。

"前些年我的腿还好，到冬天的时候还能给树整形，把多余枝条剪掉。我坐到树根下观察，我要亲眼看看树，才知道有没有问题，有问题又该怎么解决。"褚老说。

"把钱用在刀刃上"，这是褚老一贯信奉的准则，该节约的成本一定会想办法节约，不该花费的投入，他绝不会瞎搞。在扩张规模、升级农业技术、提高工作效率的投入上，褚老一向很"大方"。因为他知道，投入的大钱，今后一定能加倍赚回来，这就是"花钱买节约"的道理。

以前，褚橙果园车间规模小，大卡车开不进去。每次果子要用小车拉到厂房外，再装卸进大卡车，一装一卸，不仅拖延了运送时间还浪费了人力。据说，选果车间最多的时候有9辆东风牌大卡车排队等候，司机们常常等得不耐烦。

于是，褚老决定投入一笔资金扩建选果车间。扩建之后，拉货的大卡车可以直接开进车间院子里，减少了在外等候第二次装车的时间，时间成本大大降低，而由此带来的效益远高于扩建成本。

第三节

农业的本质是重资产

投资 138 万元，修引水管道，将南恩瀑布水引到果园；

投资 64 万元，建设蓄水池 6 个，总容量达 25 万立方米；

投资 60.9 万元，安装灌溉用各型输水管道 58.3 千米；

投资 72 万元，安装微喷灌设施 2400 亩，铺设微喷管道 52 万米；

投资约 900 万元，修建有机肥料厂、冷库、选果车间、鲜果厂；

人工费用大概 200 万元 / 年；

……

这些只是褚橙基地的一小部分投入。

"农产品是大投入，慢产出。"褚老一语中的。

而早在 2011 年，褚橙果园的固定资产就已超过 8000 万元。意外的是，褚老的创业基金竟然是借来的。2002 年，褚老和马老共有 200 万元的资金，但是想要承包 2400 亩果园，200 万元远远不够。

褚老把自己的想法告诉了几个朋友，他说，既然要搞，规模就要搞大点。钱不够，我们可以借你，于是大家给褚老凑了 1000 万元。

后来兴建水利要钱，却又没有钱了，褚老就靠找朋友借钱的方式融资。在谈到借钱的问题时，褚老讲："我对朋友说如果赔不起，就麻烦了；他们说，不要你赔。我那是开玩笑，我相信我赔得起。干事我们是经过调查的，有八九成把握。"到 2007 年的时候，褚老把借来的钱都还了。

动辄上百万的大投入，并没有换来立竿见影的效果。褚橙果园第一批新树苗种下后，等待了 4 年时间，终于产果；改造土壤，花了整整

10 年时间；实现盈利，也是一个 10 年。

柳传志在推出"佳沃"的时候说，搞农业，投资大，不能着急赚钱。与互联网轻资产运营相反，农业历来的本质是重资产行业，不论是种植业还是养殖业，对资金、土地、人员的需求都很大，可不是随便就能做的。

农牧业重资产的特性，促使企业把绝大部分资金用在了建厂房、扩基地、买设备上；一些中小企业一旦赚了钱或者好不容易融到资，也是马上扩大规模、扩大产能。然而，他们忽视了产能过剩、重复建设、同质化严重等问题，这其实是在快步跑进"死胡同"。

这里举一个有关水资源的案例。

哀牢山谷深山高，这是其地貌特征。山有多高，水就有多深，这是其水源丰富的特点。

每一座山峰必有奔腾的河流环绕，每一条沟壑里面都有潺潺的溪流。仅新平县境内，就有南恩河、棉花河、挖窖河、十里河、大春河、绿汁江等 1 江 32 河，有地表水 13.47 亿立方米、地下水 5.48 亿立方米。

虽然如此，褚橙果园能够利用的水源并不多。水源一直是褚老最重视的部分，园区的设置中，耗资最重要的部分就是水利设施。据不完全统计，褚老用于解决水源和灌溉设施的经费投入超过 1000 万元。

思索再三之后，褚老将目光锁定在了南恩瀑布。去过哀牢山的人应该知道，南恩瀑布是当地知名景点之一，被誉为"哀牢第一瀑布"。在傣语里，"南恩"意为银白色的水。

南恩河河水清凉、流量丰富，褚老当即决定从南恩瀑布架设引水管道，让南恩河的水流入褚橙果园。只用了几个月时间，从南恩瀑布到褚橙果园的两条引水管道就架起来了，总长 18.6 千米，投资达 138 万元，

褚橙方法1: 重新定义品牌

堪称褚老在水源上的最大投资。

在褚橙果园，不时能看到一些蓄水池分布在果园中，在阳光照射下，泛起点点亮光。听果农说，褚老搞的第一个蓄水池，在新平县水塘镇邦迈村。这个村落距离哀牢山脚约有10多千米，是褚橙果园在棉花河中取水的所在地。

在那里，褚老把引水管沿路较大的鱼塘都承包了下来，等到水流充沛的季节，通过引水管先灌满路边的水塘，让其成为一个个蓄水池。

虽然每个水塘的水量有限，但进入三四月旱季以后，储存的水能够补充河水引用的不足，有时还能解决大问题。

褚橙果园的水利设施，都是在基地初建时逐步完成的。当时看起来有些大动干戈，好多人都搞不懂为什么种点橙子要搞这么多设备。

直到2009年，大家才明白了褚老的用心良苦。这年，云南遭遇了百年不遇的大旱，从年初到5月滴雨未落。据当时的新闻报道，在云南省会昆明市，供给市民饮用的水库库容量降至最低，市区部分地方甚至实行了限时供水。

而在哀牢山中，形势同样严峻。棉花河大面积干涸，裸露出大片的河滩地以及刺眼的礁石。山脚下的老百姓都要出去抬水喝，农作物大量减产。

我2013年到褚橙果园，聊到2009年旱灾时，果农们仍然印象深刻。当时，果树正是挂果、固果的关键时候，果园紧急投入了60多万元，购置了抽水设备，将已经不多的戛洒江的水引入海拔高1300米的褚橙基地。

其实，农作物缺水还算事小，干旱后期，村民饮水问题越来越严重。位于半山上村寨里的村民家抽不上水，每家每户都要到山脚的江里

取水，异常困难。

看到这样的情形，褚老将果园的水分给村民饮用，帮助大家战胜旱灾。但是，灾难并没有就此结束。此后的5年，云南地区连续大旱，褚老便出资近30万元，为村民改水管——将村里原来2寸的水管换成了4寸。

2009年起，云南连年遭遇旱灾，而哀牢山的橙园却一切安好。"旱则资舟，水则资车，以待乏也。"褚老明白古人说的这个道理，而且想得也很清楚。

农业的大投入在天灾面前可能全部沉没，但也正是因为这些很多人看不见的投入，让褚橙庄园的种植一直保持良好水平。

在这个争着向前跑的时代，只有农业还在慢慢耕耘，这也成了一种独特的美。农业，不仅需要金钱投入，更需要一颗长久的真心。

有一次，一个年轻人从福建到云南找褚老，他说自己大学毕业已六七年了，为事业投入了很多金钱和时间，却感觉一事无成。褚老对他说："你才整了六七年，我种果树十多年了，你急什么？"

在信息疯狂爆炸的时代，似乎任何事情都"唯快不破"，褚橙却提醒我们，慢下来，你会走得更远、更久。

第四节

像乌龟一样有耐心

很多人知道褚老，但是不了解马老，对于我来说，在关于创业这件

事情上,马老对我的影响很大。马老告诉我她一开始销售褚橙的方法,然后让我们去做苹果的销售试验,而且总是鼓励我去尝试,"努力去做,要有耐心!"

后来,我带我的搭档立军去褚老家,我们无意间谈到了未来褚橙的接班人话题,马老说:"我们这个家容不下没有本事的人!"

原来两位老人家选择接班人的办法很简单,家里的每一位潜在人选都提交一个项目,自己去做实验,用做项目的能力来考虑其是否是合适的接班人。褚老的儿子褚一斌先生让我十分佩服的是,他之前一直是在海外做金融投资,如今他却在云南的乡野扎根,和果农一起深入田间地头,努力在种植上钻研。

褚老的外孙女婿李亚鑫更多则在销售褚橙上努力。另外家族和团队里的其他一些成员也都在努力做项目实验,有人拿到一块土地钻研种植,有人尝试运营电商,开发系列产品。

两位老人家无论是种冰糖橙还是选接班人,都十分有耐心,希望通过实验去发现、去改进。

回到种植的话题上来,两位老人家的耐心难能可贵。

褚橙果园的所在地,原来被当地百姓称为"雷响地",就是靠天吃饭的意思。这块地以前是种甘蔗的,但由于长期不轮作,施肥和管理不到位,土壤板结了,年均单产在3万吨以下。扣除种植成本后,农户年均每亩收入还不到80元。

褚时健研究后发现,土壤板结与水分不充足相关,而更大程度上,是土壤表层缺乏有机质造成的。

据了解,有机质的含量是土壤肥力和团粒结构的一个重要指标,一旦有机质降低,土壤结构在灌水或降雨等外因作用下会被破坏,导致土料分散，待表层干燥之后，受内聚力作用，土面变硬，又称"板结"。

从接手这块土地开始，褚时健对土壤的改良就没有停止过。引水灌溉，坚持用有机肥料施肥……10年之后，在有机肥的滋养下，曾经板结的土壤重获新生，散发出生命的朝气。当我走在这片并不平整的自然土地上时，感受到了大地的灵气，听到了泥土呼吸的声音。

"果农们经常说'我是个种地的'，但很少说'我是个种橙子'的，这就可以看出，种植的本质就在于土地，土地好了，产出的不论是蔬菜还是瓜果，都不会差。"褚时健谈道。

在良好的土壤环境下，褚橙基地自然地避开了果子"大小年"的风险。褚时健曾自信地说："我们这里，到今天还没有感受到什么叫小年，因为我们年年都是大年。"

国内有农业实验证明，土层深厚，排灌条件好的果园，大小年现象不明显；土层较薄，排灌条件差的坡地及山凹地果园，大小年的产量相差大。

"如果果园土壤板结、浅薄，应在秋季进行深耕扩穴，增施有机肥，改良土壤，加厚土层。"

"春肥在每年二三月份施，促萌发、壮花和壮梢。"

"稳果肥在5月上旬施，是为了减少第二次生理落果。"

"促梢壮果肥在7月上旬施，用量占全年的35%。"

……

诸如此类的农业专业知识，我从褚老那里听来不少，而他总是乐此不疲地给我讲这些。他对于聊人生、聊理想没什么太大的兴趣，每次和我说着说着，话题总是说到了怎么种果子上。他滔滔不绝，认真地说他的新发现，讲他的新问题。这时候的褚老，眼睛里闪着光芒。这种光

褚橙方法1：重新定义品牌

芒，别人抢不去，学不来，只有认真付出过的人才会有。

令人佩服的是，褚老总是能找到问题的症结所在，并且对症下药。"为什么您做什么成什么？"这是褚老被问到最多的问题。他往往会说："你不要把我看成神。"

他曾说，现在橙子卖火了，人们才关注到褚橙的光鲜，却不知过去十多年的辛酸。"没有亲历的人，无法想象其中的艰辛，这里的每一寸土地，都洒了我们的汗水。"

在农业领域，病虫害是躲不过的一道坎。如果不注意检测预防，带来的后果可能是不堪设想的。是先期加大预防成本，还是后期付出救灾成本？褚时健选择了前者，宁愿多花一点时间在防虫工作上，也不要因为虫灾而被动放弃果园。

对于橙子来说，高温高湿的气候环境容易造成溃疡病，而气温降低就会出现红蜘蛛以及通过木虱子传播的黄龙病，这些都可能带来灭顶之灾。不过，我听果农说过，哀牢山昼夜温差较大，在这样的条件下，病虫害不容易滋生。而且果园的土壤环境良好，也不易长虫。

在褚时健家里，《新编果树病虫害防治及农药使用技术》《柑橘病虫害诊断与防治原色图谱》《柑橘病虫草害防治彩色图谱》……这些农业种植技术类型的书，已经翻得很旧了。

对于病虫害的防治，褚老下足了功夫。在这个问题上，农民们最直接有效的办法就是洒农药。褚时健也表示，世界上所有的农业都要用农药，这是一个科学问题。农药有一个星期的残留期，褚橙在采摘前一个月就不会再用农药了。

褚老常常提起橙园比较常见的黄龙病，在很多果农眼里，柑橘黄龙病是种很难治愈的传染病，四五年就可以把一个果园毁掉。如果一棵果树处理得不好，很快就会传染给其他果树。因此一旦发现黄龙病，果农们往往被逼无奈，选择砍树，为此损失严重。

"黄龙病很难防治，省外果树8年左右的时间就不行了，我们的果树有十多年了，还很健壮，几乎没病。"褚时健讲道。为了防治黄龙病，褚橙果园让一些人专门做病情侦查工作，及时确定病源，再定点清除，把作为传染媒介的虫子杀死。

褚时健的办法并不简单，需要人力、物力的大量投入，而且每半个月就要搞一次。褚橙基地为农户提供器械和农药经费，几百户农户一起劳作，一家一台喷药器械，大家一起喷洒，共同防治。

无疑，由公司统筹，共同防治病虫害的方式会增加成本。但是，褚时健的经济学逻辑却是这样的：很多人在试图缩短成本链条，他这里却是要加长成本链条，增加成本投入。他认为，成本的加大投入反而会刺激效益增加。

1985年，从苹果出走的乔布斯创建了NeXT。NeXT出品的电脑有着新潮的黑色外观，性能强大，企图打开教育界市场，不过，NeXT在教育领域的扩张以失败告终，因为他的电脑太贵了，卖不出去。但乔布斯"数字媒体"的概念成了iTunes的雏形——用0.99美元一首歌的价格出售数字音乐。乔布斯用极大的热情和足够的耐心，等待了数十年，才收获了iTunes的成功。

在所有创业行业中，农业投资大，回报期长，更需要一种耐心。农作物生长是一个生命的过程，它注定是缓慢的。心急的人，种不好果子。没有耐心的人，干不了抹芽、摘心、施肥、治虫这些细活，也就等不了发芽、开花、结果。

褚老说："不要名不要利是假话，不过很多人想着一夜暴富，老话

褚橙方法1： 重新定义品牌

讲得好，好事多磨，不能浮躁，事情才能做好。过去10年，多数人没有钱。没有资本，创业就只能脚踏实地，比如我们现在搞农业很难，这种规模化的农业种植，遇到产量过剩你就完蛋了，就更要按着商业的规律来办事。"

褚老回忆："果园开始时，树苗很小，还有满山红土。我开始也急，也想马上成林，马上有利润，种了两年树，还是满山红土。但是我历经几十年，在进入七八十岁时，就有点耐心了。现实教育我们，果树每年只能长这么高，肥料、水源等问题都是原来想不到的，所以急不得。"

从2003年开始种植冰糖橙，2008—2009年才有盈利，2012年，褚橙进京，进成都，才走进大众视野，算是被大多数用户熟知。褚时健经常说，现在中国农业之所以搞不好，主要是因为大家都想投入少，赚钱快，这肯定做不了好产品。农业一定是高投入、高产出、慢回报的。

据 cnBeta[①] 报道，2010—2014年，美国共产生了38家市值突破1亿美元的科技创业企业。价值破10亿美元的9家创业企业平均发展时间为7年。发展时间最短的是照片墙（Instagram），仅用时2年；最长的是Pandora，用时11年，这38家企业在上市/被收购前的平均发展时间为6.9年。

由此可见，即便科技行业虽然有着传统产业无可比拟的发展速度与机会，但也能够说明罗马也不是一天建成的。如果创业者想要取得耀眼的成就，就需要有长期奋斗的心理准备，同时发展有长期奋斗意愿的团队。

对于科技类创业公司而言，开发产品需要时间，接受产品更需要时

---

① 成立于2003年，是中国即时科技资讯站点。

间，即便你迅速地将自己的雏形产品推向市场，获得了第一批用户，但强大的口碑传播不是一朝一夕完成的，想获得主流用户的接受是一个漫长的过程，必须付出时间与很多努力，你需要的是耐心等待。

"谁无暴风劲雨时，守得云开见月明。"不管是农业，还是科技行业的创业者，都需要时间的滋养。对于创业者来说，适当的焦虑能够推动事业前进，但如果你开始慌张，那就一定要静下来思考。别把自己逼得太紧，给自己一些积累的时间。

第四章

如何管人

CHAPTER 4

第四章　如何管人

在我看来，褚橙的种植环节一方面是管理技术，另一方面是管理人。管理技术上，褚橙非常领先，而对于管人方面，外界并不太了解。其实，褚橙之所以有这么好的口味，尤其要得益于褚老对人的管理。

在农业领域，尤其是种植基层领域，管人非常难。这并非对中国一线的种植人、农民和其他一线的农业作业人有任何的不尊敬，相对城市的职场人来说，农村基层的人员管理因文化差异、管理制度的未普及等诸多原因使得管理难。当然，中国农村基层人才管理也有好的方面，比如，农民普遍淳朴，乡野有自然的信用基础，等等。

褚老是一位十分知名的厂长，管过糖厂，管过烟厂，都管理得非常好，而且几乎都是把处在濒临破产边缘的小厂管理成规模企业，尤其是之前管理烟厂的时候成绩斐然。

他75岁再创业，从零开始，在冰糖橙领域里折腾出褚橙品牌来。在他进入冰糖橙领域之前，这个行业已经发展多年，但是并无强势的品牌。褚老之所以能做出来，重点显然是他有卓越的管理能力。

稻盛和夫被称为日本的经营之神，相对稻盛和夫来说，褚老的人生更加跌宕起伏，而他管理的每一家公司都起死回生，尤其是烟厂和果园，都成了行业翘楚。在我看来，对于很多管理人、创业人来说，他的管理之道更值得总结和传播。

 褚橙方法1: 重新定义品牌

第一节
农户是半个合伙人

之前我们谈到过褚老要对果园的果树进行修剪，有次还要大规模砍树，做这些事情都需要和果农商量，因为果农的利益和褚橙公司的利益捆绑在一起，和一般公司采取的所谓公司＋农户模式不一样，褚橙公司对农户的管理要复杂得多。

我曾有机会参与了褚橙一个新基地的土地租赁沟通谈判，我也看过成都、贵州和重庆等地一些农业公司租赁土地的经营管理模式，但没有看到一个和褚橙公司一样的结构，即便有相似的，其管理效果和产能和褚橙相比，差距也非常大。

我们来看看褚老是如何管理的。

褚橙基地有果农240户，按每户2人计算，共有480人。这群人是褚橙果园的主要劳动力。如何管理好这么多人？这对于曾经管理过拥有数千员工的大厂的褚时健来说不难。但是对于当今的企业管理者而言，可能并非易事。

在褚橙果园，果农不是个体种植者，也不是员工，被称作"合伙人"可能更合适一些。深入研究之后，我发现，褚时健对人的管理，其实采用的是一种"半合伙人制"。这种制度包括四方面：免费承包责任制、给农户发补贴、公司统一培训以及买卖关系。

免费承包责任制：将褚橙果园划成片区，以每片23亩左右为单位，分包给农户。与普通承包不同的是农户不用出土地承包费，就连果树也是褚橙果园提供的。农户的工作就是种植属于自己片区的果树。

给农户发补贴： 农户每月从新平金泰果品有限公司[①]（简称"新平金泰"）领 500 元的生活补助，种植工具和农药都由公司出钱购买。另外，公司还为农户配置了每户 50 平方米的住房，房子附带了沼气池、厕所、猪圈以及一小块土地，农户可以在这片区域内种点瓜果蔬菜。

一位在果园干了将近 10 年的果农告诉我："现在住的房子是老板给的。家里有电视、摩托车，进出也方便，一家 6 口人都在这。我家负责两千五六百棵果树，年产量是 100 吨多一点，年收入有七八万元。"

公司统一培训： 新加入的农户要接受公司统一培训，专业技术人员会告诉他们种植的每一个环节，叮嘱他们每个月做什么，并且检查他们的任务完成情况。比如，为了达到公司对剪枝的标准，农户们还要参加"考试"，在作业长面前剪出合格的果树形状，才能回到自己的果园去动手剪枝。

褚时健也会不时叮嘱果农们各种细节：把地弄得平整点，赶紧种黄豆做绿肥；在果苗根部覆盖枯叶，以保持水分，但同时也要小心下面藏着的看不见的白蚁……

买卖关系： 褚橙收获之时，农户按规定时间采摘，把果子交到公司。公司按一级果、优级果和特级果分级，不同级别收果价格不同。根据 2013 年的收果价格数据，特级果 0.9 元一斤，优级果 0.85 元一斤，一级果 0.6 元一斤，次果 0.5 元一斤。

按照普通的管理方式，如果农户是公司员工，那么他们的工资构成应当是"基本工资＋果子销售提成"，而不是种多少得多少。如果农户是个体，那么他们承包片区要出钱，也无权获得公司的补助费。

[①] 2003 年 6 月 17 日在玉溪成立，法人为马静芬。

褚橙方法1：重新定义品牌

这种看似矛盾的身份，却给了农户最合理的空间，公司也获得了足够的控制权。在褚橙果园，农户既是个体，也是员工，带有明显的"半合伙人"特点。

难得的是，果农们在"半合伙人"身份里，获得了一种归属感。一位姓张的果农说："我十五六岁就出来了，老家就没有盖房子。一开始是来种甘蔗，然后是种黄果，后来就帮老板种橙子。我在这里待了11年，再待20年，到60岁，就去城里享受生活，把这里留给别人。不过，到时我肯定会很想念这片土地、这个家，想要回来看看。"

最好的管理方式，是以实践为根基，实现简单、自然、有效的管理。最好的管理者，一定是利益平衡的大师级人物。

褚时健的团队没有教条式的规矩，没有被逼做事的无奈，更没有莫名其妙的阻碍。在简单、自然的氛围下，每个人都在发挥最大的主观能动性，证明着自己的价值。

不管是管理几千人的烟厂，还是管理数百人的果园，褚时健带的队伍可以用3个词来形容：团结、自觉、自信。这是很多管理者求之不得的。

为什么褚老能够想出如此与众不同的管理办法？为什么他敢于跳出传统的制度模式，创造出新的架构？在研读了大量关于褚老的管理事迹之后，我发现他从未被框架束缚过，他是一位管理设计大师，更是一位利益平衡大师。

褚老认为，与人合作，必须给人以利益，适当让渡利益，常常会收获更大。最初褚橙拿到市场上卖的时候，褚时健最关心的不是橙子卖了多少，自己赚了多少，而是追问销售商有没有钱赚。这种看似吃亏的想法，让褚时健每一次都有大收获。

第四章 如何管人

从"利益平衡"出发，褚老才敢于构建新的管理模式，找出最适合企业发展的制度。在褚老的思想里，做事首要考虑的不是会受到哪些因素的制约，而是想尽办法创造条件。

褚老管理思想的精髓，是他敢于从具体实际出发，抽丝剥茧，找出具体对策。他敢于将固有的框架打散，构建一个独有的模式。

第二节
褚时健——作业长——农户

之前我们谈论了褚橙公司和果农的关系，这是广义的公司+农户的一种形式。如果说这种形式是利益格局的优良分配和组合，那么具体到这些人员的管理则是一种垂直的管理方式。

褚橙基地的人才管理体系非常明确简单：褚时健——作业长——农户。褚橙种植基地被划分成多个作业区，由作业长管理，平均每区管理30～40户果农、7万～10万棵果树。

每个作业长在到果园之前，都有过10年甚至20年的种植经验，他们是褚老精选出来的精英。在褚老看来，作业长就类似于当年烟长的车间主任，按国企的职能分类，可以称之为"中层干部"。

果农，是褚老管理的一支大队伍，也是最费心的团队。"农民其实也不好管理，他们才不管你是不是褚时健。砍树、剪枝、施肥……每一件事情都要跟他们讲明白。以前做烟的时候，也是这样的，我从烟田抓起，给农民种子、化肥，指导农民怎样种出一流的烟叶，之后高价购买

褚橙方法1：重新定义品牌

烟叶。没有世界一流的烟叶，就做不出品质一流的香烟。"

褚老喜欢和农户们聊天。他大概一周多会去果园一次。每次到果园，他都会去地里查看果树的生长情况，检查农户对技术指标的执行情况。然后，让区长和技术人员依次汇报工作进展。

外人很难见到的褚老，果农们倒是常见。褚橙果园一位姓刘的果农说："褚老我们经常见，我们可以跟他说话。他从玉溪来果园，有些时候我们都还没起床。他早上4点多出发，到这里7点左右。他有时候在车上和我们说话，到处看看，一般都问问基本情况。"

也许正是因为经常和褚老聊天，果园的农户们在谈到种植技术时，所说的内容、表达方式甚至口气，都与褚老极其相似。这让人觉得，他们不仅在一起工作，更像是一家人。而这一切都得益于褚时健实行的简明管理体系，部门间、上下级间的便捷沟通，互相理解，齐心做事。

这样的模式并非一开始就有的，而是经过褚老不断地摸索后总结出来的。褚老在优化企业管理时，奉行一个基本的底线：耽误工作的，一律砍掉。很多报道里都提到褚橙果园里设有"技术人员"一职，负责管理作业长。但实际上，"生产技术部"早在2009年就被褚老撤销了。原因是褚时健发现，这个部门耽误了生产效率，是多余的一环。

最初，果园聘请技术人员，是为了让内行专家帮助指导。然而，作业长们却感觉技术人员只发挥了"批准签字"作用，且批准一件事情往往需要花费一两天，反而耽误了果树种植的关键节点。褚时健了解情况之后，果断撤掉生产技术部门，自己直接与作业长沟通，消除了沟通阻碍。

否决一件事情，考验的是领导人的决断能力。而褚时健似乎天生善于清理冗杂的事物，让事情变得简单高效。在管理烟厂的时候，褚时健也采取过开除员工甚至是干部的办法，以精简企业管理结构，创造更大的效益。

部门繁多、人员冗杂，这是每一个企业发展到一定规模后都可能会出现的弊端。为了防止员工懒惰、责任互推等问题出现，管理者需要做出看起来残忍又不近人情的决定。更严重的情况会涉及企业的发展方向，甚至生死存亡。因此，在这些紧要关头，领导者要更快速地做决定，优化企业结构，提升效能。

第三节

管理者：先做好自己，再带队伍

褚老的精神对我影响非常大，给了我极大的创业力量，尤其是努力去尝试的信心，当我安静下来整理和总结褚老的管理之道时，更加感觉他的种橙管理方式十分适合创业者，尤其是他带队伍的方式。

褚老总是能够深入一线，这对于我们这些选择创业的人来说非常值得学习。尤其是创业初期，很多工作和事情需要自己去做，然后才知道其中的深浅，从而真正成为行业里面的专业人士。

对于褚老这样的管理者来说，以身作则不是做个样子，而是发自内心地去做事，喜欢自己所做的事。这样的人，不用去教导员工应当怎样努力。他的一言一行自然会成为员工的学习对象，带动大家进步。因为，每一个自然人，对于好的事物，都会下意识地去靠拢。

褚老尽管身体并不好,但他也会想办法到果园去看看,尤其在创业初期,而褚老这种精神直接影响了团队。

很多果园工人的文化程度并不高,但是每次和他们交流时,他们对产品质量管理都十分执着。最为特别的,是你能从他们身上明显感觉到受褚老的影响,褚老不是一个人在战斗,他们的团队拥有非常深厚的褚橙管理文化。

2012年,褚橙公司派王迁到成都来协调市场,一个小伙子到陌生的成都,开始也不认识什么人,但是他每天跑市场,很快就交到一些朋友,然后针对成都市场的问题,一个一个沟通。到了褚橙发货的时候,他晚上分货,白天看市场,做事十分认真。我甚至想,即便是换一个产品,团队有褚老的精神在,应该依然可以把新的产品做好。

我向褚老和马老请教如何才能把苹果销售好,我们谈话的前提是这个苹果的质量不错,但是没有什么品牌影响力。两位老人家给我最多的鼓励就是,要去做,然后从实践中找突破点。

褚老亲力亲为的事情有很多,亲自探寻水源,下地检查果树……其中有几件事令人记忆尤其深刻。

第一件事是剪枝。在种植的各项流程中,褚老对剪枝有种偏爱。他不仅看书学习剪枝技巧,更乐于动手实践。

一名剪枝工人,必须经过长期细致的观察和总结,才能练就灵活的剪枝技巧。每一次,褚老都和作业长一起,每人负责10~20棵树,用不同的方法去剪枝,然后比较出哪一种方法最好。对于剪枝这门看似简单其实复杂的技术活,褚老也是从实践中学会的。

第二件事是褚老去市场挑选鸡粪,作为肥料原料。平常农户买鸡粪,拎着鸡场装好的鸡粪袋子就走了。但褚老会把鸡粪倒出来,放在手掌上捏一捏，看看水分是多少，有没有掺入杂质。不得不说，一个80多岁的老人，眼睛也不太好，为了辨认原料的好坏，还要去闻鸡粪。这样的场景，看到的人，总会为之动容。

褚橙果园的作业长大部分时间都在各自管辖区的几百亩土地上挨家挨户地沟通、指导、检查。农户不会的技巧，作业长要及时上门教课，给他们做示范，传递正确的种植方法。管理者先做，员工再做；管理者懂了，再去教员工，这就是褚老带队伍的宗旨。对一家公司来说，管理者是灵魂人物，领导的风格会直接影响员工做事的态度和方式。管理者若是不懂带队伍，员工便会觉得群龙无首，难以判决该怎么行动。只有强有力的领导，才能掌好舵，引领团队朝前走。

当然，对于这样的亲力亲为，在一些人看来是没有充分放权，可能会引起更多的麻烦。而我这里希望分享的是，褚老个人，尤其是他的精神，的确在实际工作中潜移默化地影响着周边的人。

在我看来，管理者的亲力亲为是一门艺术，一方面传承技艺，另一方面传递精神。在褚橙团队身上，我们明显感觉到褚老精神的存在，也发现他们的执行力很强。而且，他们和两位老人家一样，都十分认同事情是干出来的，不是说出来的。

需要指出的是，有的管理者过分亲力亲为，大事小事都要亲自操办。这样的反作用就是，员工得不到锻炼，自己越来越累。所以需要强调的是，一旦把方法交给了手下，就要放心地让他们去执行，并且制造机会让他们挑战更大的任务。

褚橙方法1: 重新定义品牌

第四节
激励的双因素实践

当褚老决定去种橙子的时候，很多人感觉到不相信，以为他只是养养老、散散心，但他一直坚持认真地干，用自己的行动告诉周边的人：自己的确希望种好橙子。

如今我们在纸上写这些东西看起来似乎很简单，但是真正面对实际工作的时候，却要复杂和困难许多。褚老在管理果园时，对激励机制的应用是很到位的。但现实中，很多机构或者公司可能最没有办法学会的就是激励机制，尽管很多创业者，比如我们自己，一直在尝试如何激励团队，但往往收效不大。

美国行为科学家弗雷德里克·赫茨伯格（Fredrick Herzberg）曾提出过著名的"双因素理论"。他认为，对员工的激励应当分为两种：保健因素和激励因素。

保健因素包括公司政策、管理措施、监督、人际关系、物质工作条件、工资、福利等，也就是通常所指的激励方式。保健因素对于员工来说，类似于卫生保健之于身体健康，是一种必需品。

但是，仅有保健因素是不够的。它不能直接提高健康水平，只有预防疾病的效果。因此，当保健因素低于应有的水平时，人们就会产生不满情绪。就算保健因素达到了一个很高的水平，它对于员工的作用也是有限的，它虽能消除员工的不满意，但不会刺激员工产生积极的工作状态。

于是，仅有保健因素刺激员工的公司，往往处于一种既不满意、又

不是完全不满意的中性状态。尤其是公司发展到一定阶段之后，保健因素难以促使员工更努力地工作，极易陷入一种为了工作而工作的"半瘫痪"状态。

这个时候，能够带来积极态度和激励作用的因素就是"激励因素"，包括成就、赏识、挑战性的工作、增加的工作责任，以及成长和发展的机会。

赫茨伯格认为，只有激励因素具备了，才能对人们产生更大的激励。在这个层面上，激励因素就如同锻炼身体，可以增强抵抗力，改变身体素质。一个人主动工作的效能，远胜于被外力推动着工作的效能。

褚老在管理400多位农户时，采取的正是这两种激励办法，从而使褚橙果园的农户们都非常喜欢和土地、果树打交道。而且，他们在劳作中体会到的精神愉悦是无以言表的。

在物质激励制度上，褚时健算得上是一位开创者。

20世纪80年代，改革开放刚开始没多久，很多企业还没有改变"大锅饭"制度，褚时健带领的玉溪卷烟厂却率先推出"计件工资"的员工激励政策。

简单来说，"计件工资"意味着多劳多得，这个如今听起来很平常的办法，在当时却是一种很大突破。褚时健提出，在质量达到要求的情况下，工人工资按生产的数量计酬。

在这样的制度刺激下，工人们争分夺秒地工作。他们常常提前排队进厂开工，再加上先进设备的助力，玉溪卷烟厂的产量以每年10万箱甚至20万箱的速度增长。

对于激励制度的设置，褚老就把握了两个核心点：产量和质量。这样就在激发员工动力的同时，又让其有了一定压力。现在，褚橙果园也

褚橙方法1: 重新定义品牌

沿袭了同样的做法。

褚老认为，果园规模大，不能采取计时工资的方式。"果农拿了钱，果树衰了，到时候我们没办法。因此我们根据果子的产量、质量，在果产上评等级给他们发钱。"

按果实的等级，智能分果机器将每户果农的产品分为特级、优级、一级，并且按数量记录下来，收货之后，公司按每年年初约定好的收果价格给农户发钱。

对于农户来说，等级高的果实越多，收入越高；产量越高，收入越高。在此情况下，果农年收入最大可相差近一倍。于是，果农们自己就会琢磨："一样的土地，一样的果树，为什么别人的果子比我的多、比我的好，收入比我高？"第二年，果农就会想办法学习改进，种出更好的橙子。

一位果农告诉我，每年过年之前的七八天，公司会宰羊杀牛，农户们都要到公司吃饭开大会。在大会上，果子收成高的农户会上台讲话，领导们也发言，讲讲果子口感，鼓励大家好好干工作。另外，大会还设置了奖励，分一等奖、二等奖，按照农户的产量给予不同的现金奖励。

总结来看，褚老对物质激励措施是这样看待的：一是要想让员工主动做事，有利可图是必需的，甚至是第一位的；二是在正确利益的刺激下，员工是愿意付出劳动和智慧的；三是只有让员工得到利益，才能让他们做好工作。

对一些初创公司来说，创业者往往怀着理想的情怀，想让团队的每个人都过丰衣足食、无忧无虑的好日子，却忽视了员工个人物质财富的积累也要经历循序渐进的过程。褚橙庄园一位农户曾向我"吐槽"："有段时间老板投资扩建工程，没有钱了。我们当时一个月只有300元，两口子加起来600元。而且年底也没有分红。最开始很困难，现在跟我一样干了十几年的没有几户，生活不下去就跑了。"

而对于激励制度，仅有奖金是不够的。

常常有人说："这份工作给我再多的钱，我也不干了！"也有人领着不高的薪水，却照样干劲十足。这是为什么呢？

在褚橙果园，农户们经常说褚老的种植要求非常严苛，但他们还是愿意不断地练习，以达到褚老的标准。这是因为，他们在努力完成任务的时候，获得了工作挑战带来的精神快乐。

"留在褚橙果园种植的农户，一方面是为了挣钱，另一方面是因为他们发自内心地喜欢种果子，想要做好这份工作。"新平金泰一位管理者表示，好多果农以前只会用传统的方式种植，日复一日地在田里干活，种出来的成果也没有什么变化。而来到褚橙果园后，他们发现，自己的劳动在更好的种植方式指导下，能够创造更大的价值，获得更大的满足感。这就是他们主动进取的动力之源。

第五节
把控有度的惩罚

众所周知，企业管理只有激励没有惩罚，是行不通的。褚老在管理果园时坚持奖励和惩罚双管齐下。

"报酬是跟质量、数量挂钩的。你管不了农民是8点上班还是7点上班，这要靠他自觉，自觉是跟他的钱挂钩的。"

褚橙方法1: 重新定义品牌

对于农户的自觉性，褚老很自信。现在的公司普遍实行员工考勤打卡制度，褚老的公司不会天天盯着果农做事。在他看来，每家农户一年到头都有事，一刻都不得闲。"不用天天催他干这个干那个，给他空间，他自己会安排。"

虽然不会时刻催促，但也并不是说农户想干吗就干吗。褚老认为，考核制度的存在，解决了农户不认真种植的问题。毕竟，种得差，就没钱拿，甚至会被淘汰。果园管理人一个月检查两次农户的种植情况，只要检查的时候能够达标，农户就有权自主安排时间。

惩罚一个人的办法有很多，把握好惩罚的度才是关键。对此，褚老深谙其道。2009年年底，褚橙果园的两个果农在采摘的时候偷偷留下了1000多个果子，准备夜里下山卖高价，不料被园区巡逻员发现了。

褚老的管理团队讨论了两种意见：一种认为要严厉打压此类行为，杀一儆百，不光处以重罚，还必须开除；另一种则认为，培养新的农户不容易，成本花费更高，建议让农户写检讨，罚重款。

褚老听取了各方意见后决定，此类事件在果园第一次出现，处理办法要合情合理。犯错的两个人今年该做的事情要做完，该得的报酬要付，罚款适可而止，"要让他们回去做事情还有点本钱"。

把控有度的惩罚让两个果农感激不已，他们没有因此记恨褚老，反而更加努力劳作，成了守规矩的好员工。

在现代企业管理中，惩罚是一种手段，但同时它也是一门科学、一门艺术。惩罚的目的是让员工认识到企业制度不可侵犯，更是让他们在以后的工作中不断改善，获得长足进步。可以说，惩罚是比激励更难的事情。

从褚老处理问题的办法中可以看出，在惩罚方面，既定规则一定要

第四章　如何管人

有而且必须执行，但规矩是人定的，可以有适度的变通范围。采用惩罚+感化的方式，对被惩罚的人来说，不仅受到了制度的威慑，而且当他懂得问题严重性的时候，会产生一种感动的情感，并且会更加珍惜工作机会。

第六节

老板要想办法让大家有钱

知名投资人徐小平说过："既然你是创业公司的老大，就要让弟兄们有肉吃！"为更多人创造财富，与更多人分享财富，这是一种企业家情怀。

褚橙果园开办之初，原先农场留下来的农户不到 20 户，其他的大多数是戛洒镇和水塘镇的农民，还有 9 户是从邻近的普洱市镇沅县来的。

几年后，一波又一波的农户争抢着要进果园，果园农户从 100 多户增长到 200 多户。据说，还有好多农民在排队。农户们拖家带口离开自己原来的家到果园来，听说都是互相介绍和推荐来的，投奔这里的原因很简单，就是原来太穷了，有的农户以前家里穷得除了锅碗瓢盆什么也没有，有的农户种一年的地，收入不过几千元。

他们看到，在褚橙果园有钱可赚。来到褚橙果园后，大家的土地、房子、树苗、肥料都是公司出的，节省了种植成本，而且每月还有生活补助。按公司福利规定，从农户入园那年算起，每年递增 100 元的工龄工资。

没出三五年，一个两口之家的农户就从年收入三四万元增长到了年收入五六万元、七八万元。到 2013 年，一个农户只要按照公司的要求管理果树，年收入高的就能达到 10 万元。此外，自己养的土鸡、猪还能创造点副业收入。

日子富裕了，农家孩子上大学交得起学费了，大部分农户买了摩托车甚至小卡车。和过去相比，农民们的生活可谓发生了翻天覆地的变化。

这是果农们从来没有想过的生活！2012 年，有记者采访褚时健时问：一辈子总为别人着想的人，有时候会活得很累，是这样吗？褚老回答说："这样子觉得自己舒服点，像我老家现在还很穷，我能给他们解决点问题，自己也感觉到心里舒服了。"

褚老究竟有多希望手下过上富足安乐的日子，谁也不知道，但我所知道的是，褚老曾经在烟厂大力推行激励政策，使员工的收入高出其他工厂员工的几倍甚至几十倍。考虑到"左邻右舍"的不满，相关领导不得不叫停了这样的工资增长方式。

从始至终，褚老都坚持为员工谋求最大利益。他说让员工过上幸福日子，他比谁都高兴。

第七节

褚时健管理与 Z 理论

有的管理者，没有学过管理学专业课程，但他的管理办法与专业理论书里面讲述的一模一样，他就像一本"活教材"。而实际上，管理书的内容素材就是来自褚老这样成功的企业管理者。

在褚老身上，我们可以窥探到多种管理理论的影子。在接触褚老久了之后，他的管理方式常让我想起美籍日裔管理学家威廉·大内在20年前写的一本名为《Z理论》的书。

作者威廉·大内教授在书中将Z理论归结为："平均、民主"是Z型组织的核心，"信任"是基础，"亲和"是纽带，"合作"是宗旨，进而产生的是职工对企业的"忠诚"。平等、信任、亲密感，此类描述软文化的词汇，是Z理论管理学的特点。

这样的理论学说与褚老的管理办法不谋而合。我们从关于褚老管理的两件事上就能够窥探一二。2009年的时候，褚橙果园作业长郭海东负责的区域由于水管相对较少，面临缺水难题。而且由于地势高低各异，离主水管近的农户，水流相对更充足，这就引发了农户对水资源分配不均问题的抱怨。

郭海东在安抚农户的同时，经过深思熟虑之后向褚时健提出了多架一根水管的要求，费用100万元。郭海东告诉褚老，保证花100万元能够解决水资源问题，而且这笔投入绝对能够赚回来。

褚老几乎没有任何顾虑，就答应了郭海东的要求，修建了新的水管。3年后，郭海东负责的片区是褚橙果园产量最高的。试想，如果没有对郭海东的信任，褚时健怎么会当机立断地批准100万元的资金？如果没有对公司的忠诚，郭海东怎么敢立下保证书？这其中包含着两人互相的信任和忠诚，也只有以此为基础，事情才能办得成。

再拿更简单的开会来说，褚老管理的团队，没有固定的例会，而是秉着就事论事的态度，有事讨论再开会，没事就干活。经常的情景就是，褚老在果园走动的时候，作业长和他一边走一边说事。即便开会，

 褚橙方法1：重新定义品牌

也不用事先准备PPT，不用斟酌用词，更不用换身衣服打领带，他们总是直入主题，解决问题。

在民主的氛围下，作业长发现问题会及时与褚老沟通，大家一起想办法，而不会等问题堆积成山了才来解决。在一个企业，"疏通问题"绝对是至关重要的事情。如果领导摆架子、耍官腔，就会把自己和员工隔离开来，最终影响工作。

褚老跟员工、乡亲们的关系有多亲密融洽呢？从戛洒镇乡亲们喊的一声"褚大爹"里就可以看出来。在果农眼中，除了觉得褚时健对人好，还对褚老多了一丝崇敬。

第五章
褚橙如何从产品变商品

CHAPTER 5

第五章　褚橙如何从产品变商品

第一节
不是卖产品，而是卖商品

每年年底，褚橙都大受欢迎，但是在褚橙火爆初期，几乎每位收到褚橙的用户都会发现，褚橙包装箱上的商标是"云冠"。在解释这个名字之前，我想先分享一个小故事。

2015年，我们在成都开了几家水果店，其中有的门店是从别的商家手里接过来的。成都高新区荣华南路的黄先生转了一家门店给我们，我们将门店改造成了优果仓的品牌体验店。

黄先生做物流起家，2014年8月开始经营这家水果店，到2015年8月转让给我们。他在2014年就销售过褚橙，当他得知我们一直在推广和销售褚橙时，我们的谈判就显得特别顺利。

他说自己不懂水果，不专业，2014年冬天的时候，水果店拿到了一批云冠橙，后来不断有顾客上门问有没有褚橙，营业员都告诉顾客说没有褚橙，只有云冠橙。几天以后他们才注意到这个问题，然后紧急调整了沟通话术。

在我看来，这是我们推广的问题，当褚橙的产品品牌和包装并不一致的时候，我们没有及时进行信息的无缝对接和传播。

"褚橙"这个名字，其实是后来市场给予褚老种的橙子的称呼，依

褚橙方法1：重新定义品牌

据这个思路，海卿在本来生活网推出了柳桃、潘苹果等系列产品，柳桃源自联想佳沃，因柳传志先生而得名，而潘苹果的名人渊源则是潘石屹。

产品被生产出来后，其流通销售的过程才是被商品化的过程。产品和商品这两个概念说起来很多人都明白，但是要真正把产品变成商品并不那么容易。

卖橙子，还是卖褚橙？

很多人都会忽视这个问题，实际上这是忽视了产品与商品之间的差别。

从产品到商品，完成的是价值的转换。产品无法产生超额利润，商品才是价值的体现。产品生产后，要成为市场上可交换的商品，需要完成诸如产品定位、销售渠道、品牌塑造、设计包装、定价体系等方面的工作。

褚橙基地每年收获的是作为产品的冰糖橙。为了在市场上流通，冰糖橙必须经历从产品到商品的跨越。在农业粗放发展阶段，很多农副产品的商品化过程极其简单，只需确定一个价格，甚至很多连价格都是现成的，只需要摆在那里等待顾客挑选。

随着以褚橙为代表的品牌化农副产品的兴起，这类产品的商品化过程有所丰富。褚橙在商品化过程中，重点做了以下工作：产品定位、果子分拣、包装、产品命名以及确定价格。

对于褚橙的定位，褚老一直说："我有个目标，就是我这个橙要搞到最好。所以我起个名字叫'云冠'，云南的冠军。"

这里涉及的其实是产品定位和命名的问题。

在褚橙之前，尽管市场上有些冰糖橙有自己的名字，但是，在大多数消费者看来，冰糖橙就是冰糖橙，最多以地域区分，比如，湖南冰糖橙、云南冰糖橙。

褚老将自己所种冰糖橙命名为云冠，显然他要走的是高端水果路线。

2005年，马老在昆明召开品鉴会，会上，大家对"云冠"这个品牌名称并不满意，称名字不够响亮，且指向性不明确。有人提议改名，有提议叫"褚大爹橙子"的，也有提议叫"褚果"的，还有提议叫"褚橙"的。

后来在销售过程中，马老想到打出一个"褚时健种的冰糖橙"的横幅，以促进销售。结果横幅一打出来，橙子很快就销售一空，"褚橙"的名字也立刻被叫开了，而原来的名字"云冠"反倒被渐渐淡化。

2012年，我们在成都推广褚橙的时候，本来生活网正在北京推广。那时，我们在对外传播上，一致就叫褚橙，有时候甚至忽略了冰糖橙这个品类。在我们看来，褚橙是区别于其他橙子的一种全新品类，就像娃哈哈在推出营养快线之前所做的准备一样，这种饮料实际上就是混合饮料，同类产品很多，但它作为一个新品，需要一个新的定位。因此，褚橙这个名字从一开始推广就打破了按照其本身品类来分的传统。

第二节

分级就是做品牌

每到褚橙采摘季，褚橙果园总是人山人海。农户们带着编着号牌的筐，在山上辛勤劳作。果子采摘期一般为半个月至一个月，采摘市场

褚橙方法1：重新定义品牌

与前端市场销售量，以及果子成熟度、天气情况相关。

按照最原始的做法，农产品收成之后，农民往往不会多加区分，诸如大小、质量、优劣等，便拿到市场上去销售。他们认为没有必要进行分级、去劣、包装等，更不用说对同一种农产品进行细分了。

后来，逐渐有品牌商介入农产品行业，而品牌商会先将产品进行等级划分再进行贩卖。这样一来，品质好的产品卖价自然更高。

通常，一个知名的品牌同时会和很多果园合作，比如，联想佳沃的"柳桃"。柳桃，其实就是联想佳沃在成都种植的自有奇异果品种——"金艳"的高端附属品牌，冠以"柳"字为标，除自己种外，一些产品是采取收购的方式回收的。

可以说，柳桃就是金艳奇异果，但金艳奇异果未必是柳桃。这其中，就涉及农产品筛选的关键问题。对于品牌商来说，筛选出品质相当的产品，才能够代表一个品牌。

在果品分拣方面，褚橙走在了前面。目前，褚橙有智能选果生产线，它可以将橙子洗净、烘干，并进行分级筛选。其中，坏果及胸径55毫米以下的果子会被机器筛除。

具体分级标准如下：

一级果，胸径55～63毫米；

优级果，胸径64～73毫米，单个重量120～170克，1箱大约36个；

特级果，胸径70毫米左右，单个重量180～230克，1箱大约26个。

每到褚橙收获季，分拣车间就弥漫着香甜的橙味，生产线不停运转、满仓的橙子、忙着初选果子的工人、来回搬运果箱的工人……一切都井然有序。

据了解，褚橙分拣车间的第一条分果线是 2005 年从荷兰和比利时引进的，不是特别好用。后来，公司分别在 2011 年和 2013 年采购了两条改进版的分果线，效率提高了不少。

经过褚橙生产线操作的果子，标准化程度高。首先，智能分级比人工分级省力，而且精准度高。另外，橙子包装时不带叶子，不打蜡，自然包装，不戴套，不覆膜。

值得一提的是，不管搞什么厂，褚老对先进设备的热衷从没有变过。因为他相信，只有在先进设备的助力之下，标准化的操作才会产出标准化的产品。

第三节
给产品一个标准身份证

几乎所有的产品都有一个身份证，但是随着技术的更迭，身份证的形态在变化，而褚橙从先前被定位为"云冠橙"，然后又被称为褚橙、励志橙。褚老种的橙子的身份证一直在演变。

虽然褚橙有引以为豪的"标准口感"，但毕竟每个人的味觉不一样，单纯靠品尝，很多人还是难以分辨出产品的真假。尤其是第一次购买褚橙的消费者，也许买到了假货，还以为褚橙原本就是那个味。

近年来，随着知名农产品不断问世，假冒现象也越发严重。"西湖龙井""舟山带鱼""奉贤蜜梨""仁凤西瓜"等品牌农产品都受到了假

褚橙方法1：重新定义品牌

冒产品的侵害。就算注册了品牌商标保护，假冒产品仍然层出不穷，让大家头痛不已。

我们每年都看到市场上有些产品假冒褚橙，或者混淆视听，比如，2014年年底在正宗的褚橙下市以后，我们看到有人在成都销售"玉冠橙"，最大的问题是销售人员告诉我，这就是褚橙，它的外包装几乎和"云冠橙"一模一样，但是仔细看还是会发现有两个地方略有不同，一是"玉"字进行了变形设计，如果不仔细看，真的很像"云"字，二是，没有注明厂家信息。

"现在的冒牌货完全可以以假乱真，不是专业人士根本看不出来。"褚氏农人说。目前，市场上的褚橙有3种做假方式：真包装盒装假橙，假包装盒装假橙，真包装盒混装真假橙。

怎么办？对于商家来说，最直接有效的办法就是在产品包装上下功夫。褚橙箱体侧面贴有防伪二维码。每个二维码，就类似于一张身份证。消费者买到产品后，可以扫描防伪二维码，进入编码验证界面，正品会显示"该产品第1次查询，请放心购买"；如果多次扫描，则会显示查询次数并提醒"谨慎购买"。此外，每个"褚橙"上都印有编码，可以作为产地追踪，只有合格的褚橙才会获得编码身份证。

还有一个最简单的辨别方式，真的褚橙由于是统一挨个喷码，码子是挨着的，但是分级（特级、优级等）后，一个盒子里的编码大概率不会出现10个连号的，或者比较相近的，但是假的褚橙箱子内经常会出现"444、446"这种挨得很近的编码。

另外，新平金泰还建立了一整套橙子产品可追溯体系，通过产品的生产批号，就能找到相应的种植地块以及种植户档案，了解橙子生长情况、采摘情况和使用过的肥料信息。

除政府引导的打假活动，企业也要为此付出更多努力，在做好产品标准化的同时，也要将防伪纳入标准化的体系。

其实对于褚橙来说，造假者总是有办法进行模仿或者以假乱真。2014 年年底我去昆明市场看褚橙的销售情况，在一家批发市场，有几户商家直接告诉我，他们销售的是假褚橙，假褚橙的包装，包括二维码，跟真的褚橙包装几乎一模一样。后来我扫上面的二维码，发现这个箱子上的二维码竟然被扫描了 800 多次。

给产品身份证，很多公司都在做，尤其是褚橙这种产品，造假的成本比较低，而造假的利润空间又比较大。传统识别产品的身份证技术虽然不断发展，但是造假者在利益的诱惑下，仍在不断模仿。

第四节
影响定价的四大要素

我在新平县市场了解到，湖南的橙农每年都在褚橙定价之后才确定价格，并且尽量错开褚橙的上市时间。毫无疑问，虽然褚橙树苗最初引自湖南，但现在褚橙反过来掌握了市场定价权。

褚橙从褚橙庄园到各地市场，2012 年和 2013 年几乎没有确定的指导价格，尤其是 2012 年，冲刺北京和成都市场，两地的定价过程十分有意思。

作为褚橙的推广和销售商，我们在成都为褚橙定价时考虑了四大要素：第一，参考同行业定价；第二，褚橙品质和品牌价值；第三，营销

和物流成本；第四，消费者接受价格范围。

综合以上要素，褚橙定价如下：

2012 年，98 元 / 箱（10 斤）。

2013 年，特级"褚橙"（胸径 70 毫米左右）：抢购价 128 元 / 箱（10 斤），市场价 148 元 / 箱；优级"褚橙"（胸径 65 毫米左右）：抢购价 118 元 / 箱（10 斤），市场价 138 元 / 箱；部分团购价 98 元 / 箱（10 斤）。

2014 年，激情版 –XL 级（胸径 70 毫米以上），148 元 / 箱（10 斤）；梦想版 –L 级（胸径 65 毫米以上），128 元 / 箱（10 斤）。后期缺货阶段，少量褚橙售价 158 元 / 箱（10 斤）。

……

2019 年，褚橙包装全新升级，这年褚橙定价为：特级，168 元 / 箱（10 斤）；优级，138 元 / 箱（10 斤）；一级，108 元 / 箱（10 斤）。

2020 年，特级，168 元 / 箱（10 斤）；优级，138 元 / 箱（10 斤）；一级，108 元 / 箱（10 斤）。

2021 年，特级，128 元 / 箱（10 斤）；优级，118 元 / 箱（10 斤）；一级，98 元 / 箱（10 斤）。

2022 年，特级，128 元 / 箱（10 斤）；优级，118 元 / 箱（10 斤）；一级，98 元 / 箱（10 斤）。

褚橙上述定价反映了以下 4 个方面的逻辑：

第一，价格随着市场需求的增加而上涨；第二，除 2014 年出现缺货情况外，我们将褚橙价格控制在 170 元以内，且最近两年价格还稍有下调，以贴近消费者的消费水平；第三，通过分级、分装、优惠等方式，尽力推出 100 元以内的产品，为消费者提供多种性价比高的选择；第四，在同行业产品中，褚橙一直定位于中高端水果，品质和价格保持在同类产品之上。

实际上,褚橙这样的定价法,是企业或者经销商常用的"反向定价法"和"认知价值定向法"的结合。

所谓"反向定价法",是指企业根据产品的市场需求状况,通过价格预测和试销、评估,先确定消费者可以接受和理解的零售价格,然后倒推批发价格和出厂价格的定价方法。这种定价方法依据的不是产品成本,而是市场的需求。

"认知价值定价法",又叫觉察价值定价法,也称"感受价值定价法""理解价值定价法",是根据消费者所理解的某种商品的价值,或者消费者对产品价值的认识程度来确定产品价格的一种定价方法。

这两种定价方法分别以市场和消费者为衡量标准,关键在于要正确估计市场、消费者的标准。如果估计过高,会导致定价过高,影响产品的销售;如果估计过低,会导致定价过低,产品虽然卖出去了,却得不到应有的利润。况且,现如今的产品并不是价格低就有人来买。

当产品的价格水平与消费者对产品价值的理解和认识程度、市场需求大体一致时,价格优势就能够刺激产品销售;反之就会产生负面影响,造成产品难销。

褚橙最大的折扣零售价比市场上的传统优质甜橙高 30%~50%。普遍研究认为,30%~50% 是优质产品对标普通产品、高品牌对标低品牌时,顾客心理能够承受的溢价幅度。

褚橙 2012 年的定价十分有意思,当时第一批褚橙到成都以后,我们向 100 位目标消费者进行了推荐,然后请他们定价,当时我们制定了 3 档价格,然后收集意见,其实 98 元这个价格是我们设立的 3 档价格的中间档。当时为了提高效率,我们几乎都是找身边的朋友,尤其注意

褚橙方法1：**重新定义品牌**

了不同的收入结构，最后我们依据大多数人的选择采取了这个价格。

当然这个价格不是最高也不是最低的，价格出来以后，我们和王迁先生进行了沟通，他作为褚橙派到成都的代表，认为这个价格有点高，不过最后他也觉得可以用这个价格去试试。

当时我们在制定基础价格时比对了在北京负责销售褚橙的本来生活网的定价计划，又结合了成都市场上的消费水平，后来的销售事实说明，这个价格在成都是可行的，市场比较能接受这个价格。

其实从用户角度看，他们永远希望物超所值。当时98元10斤的价格相比周边其他橙子要贵不少，但是我们更多的信心来自褚橙口感和褚老精神。

第五节

成败在渠道

2012年年底，本来生活网在北京开始推广褚橙，同一时间我们在成都开始推广褚橙。和本来生活网有很大不同的是，当时不少媒体以新闻的形式报道褚橙进入北京市场，而我们在成都选择直接和媒体合作来加大对褚橙的宣传力度，我们先请记者前往云南采访褚老，再释放褚橙到成都的消息。

在成都我们是渠道之一，当时褚橙把线上的唯一授权销售给了"i有机"网。"i有机"网有三个核心任务：第一，要尽一切所能调动宣传资源，使褚橙迅速在成都打开知名度；第二，尽快寻求多种渠道，销售褚橙；第三，要实现一定的销量。后面两点其实是一个问题，在知名度之外，要真的销售好。

成败在渠道，这是传统食品类产品的特性。这里我要强调的是，渠道真的非常重要，不同的渠道覆盖不同的用户，是选择传统的销售渠道，还是打掉分销，采用网络直销的方式，这与产品定位有很大关系。

娃哈哈的渠道优势造就了其每年数百亿元的销售规模，宗庆后深谙中国市场的致命武器——渠道制胜，其联销体模式注重分销渠道的建设；而康师傅的"渠道精耕"模式、可口可乐的"101"模式则注重公司直接掌控终端。

随着互联网经济的兴起，也有打通所有渠道直面消费者的案例。休闲食品三只松鼠就宣称不做线上分销和线下分销，因为网络可以缩短与消费者的距离，而线下分销必然增加流通环节，会破坏产品的新鲜度，进而影响消费体验，削弱产品的品牌力。但三只松鼠的推广、低价营销、体验服务等各个环节都很"烧钱"，一般产品没有这样的资金实力去做支撑。

2012年，经过媒体、意见领袖和粉丝的广泛传播，褚橙走出哀牢山，被北京、上海、成都等地更多的人知晓。在此过程中，褚橙的渠道选择也发生了很多变化，从一开始在云南小范围分销，到线上线下同步销售，褚橙逐渐有了具有自身特性的渠道。

本来生活网在北京对褚橙进行销售，其最大贡献在于对褚橙品牌的传播，尤其是2012年，当年褚橙的销量虽然也很不错，但是作为褚橙进京的第一年，更加注重褚橙品牌的传播，因为当时褚橙知名度的打开更加重要。我们在成都销售褚橙的第一年，也是重点进行品牌传播，所以在渠道选择上，我们和《成都商报》旗下的买购网进行了合作，

 褚橙方法1：**重新定义品牌**

这是全国第一家做褚橙销售的媒体，那时的媒体电商远没有今天竞争这么激烈。

2012年，《成都商报》的买购网也刚成立不久，但是他们敏锐地认为褚橙必然畅销，所以在第一年的宣传铺垫上，便形成了立体攻势，连续在报纸版面上进行宣传，甚至不惜占有《成都商报》头版的好位置，可以说《成都商报》对打开褚橙的成都市场起到了至关重要的作用。这可能是"i有机"在渠道选择上（推广和销售）做得非常好的一步。通过借助强势媒体的力量，进行好产品的推广，两者相得益彰。

这只是我们选择渠道的其中一个很小的案例，在成都推广和销售褚橙，渠道的维护十分微妙，同在这个市场上，各个渠道既保持竞争又在进行合作。

1. 求人买的褚橙

做事情，要一步一步来，这是褚老的信条，也值得每一个人铭记在心。褚老不仅在橙子种植上耐得住寂寞。对于销量这件事，他也很沉得住气。

2012年以前，褚橙销售渠道以传统水果批发商和水果店为主。2005年，褚老和老伴在路边摆摊卖水果，这时的两人在别人眼中就是两个水果摊贩而已，少有人询问。看来，即使把橙子种好了，市场也曾不买账。面对激烈的市场竞争，马老打出了横幅"褚时健种的冰糖橙"，这是褚橙的第一句广告语。结果，橙子果真多卖出了很多。

就在这一年，作为新平金泰公司董事长的马老决定在昆明泰丽大酒店召开一个品鉴会。在此之前，昆明这个水果之都从来没有为一种水果举办过这样的盛会。那一次，也是褚老在 1996 年之后，第一次在公开场合与朋友们见面。

褚老也说过，"一开始，得求人买果子。我老伴去杭州参加展会，带了 2 吨果子，多少人路过，都不买一个。但是终于有人吃了一个，第二天就带了卡车来，把果子全买下了。"在销路不通的那些年，褚橙的消费对象里有很多是褚老的企业家朋友们，他们大批量地"消化"褚橙，一部分原因是为帮助褚老。

2. 化繁为简，直面经销商

从摆地摊做起，直到 2010 年前后，褚橙质量和产品达到了一个平衡点，公司的销售渠道也发生了变化。褚橙昆明市场负责人介绍，农副产品的销售传统上是一个"骡马大市场"，一般要经过"农户——收购商——批发市场——水果店——消费者"几个环节，中间复杂的中转渠道会产生大量的成本费用，提高消费者的购买价格。

有没有办法绕开中间经销商，在减少流通成本费用的同时，建立自己的销售渠道？从 2009 年开始，褚橙尝试着取消销售的全部中间环节，把水果直接铺到终端，直接与水果店签订协议，形成褚橙——水果店——消费者的销售流程。

刚开始，新平金泰公司直接将水果用专车送到水果店，当时每箱（10 斤）大概 50 元，水果店能卖 60～70 元一箱，利润率 20%～40%。在结款方式上，褚橙实行单次销售后结款的方式。另外，若销售期超过了橙子的保鲜期，水果店老板也不用承担风险，公司将上门回收，并重新补货。

褚橙方法1：重新定义品牌

这么诱人的销售条件，是新平金泰公司和水果店博弈的结果。一开始，褚橙总是被水果店老板拒绝。原因就是水果店卖惯了其他水果，不愿意浪费时间精力卖新品种。面对水果店的抵触情绪，新平金泰公司不断以利益"诱惑"，才促成了双方的合作。

"无论怎么卖，必须要让卖你产品的人赚钱，你的产品才好卖！"这是褚老的销售观。虽然他没有亲自负责销售，但他心里有数，只要"经销商利润够"，他就相信自家的产品销路不会差。2013 年，褚橙给零售商的批发价是 10 元 / 千克，而经销商能卖到 20 元 / 千克，由此，经销商们赚得乐开了怀。

3. 线上名气推动线下销售

2012 年之前，褚橙的营销都以线下为主，由新平金泰公司自行推广。2012 年之后，互联网电商加入了褚橙营销队伍。这不仅新增了线上营销，也丰富了线下营销的活动方式，从而合力形成了褚橙营销的爆发点。

与传统零售渠道相比，褚橙的电商销售更是不甘示弱。云南、北京、成都、重庆，每个地方都有电商销售阵营，成百吨的褚橙从电商平台运出，送到消费者手上。

在线上销售方面，褚橙的操作流程也很简单，就是褚橙——电商——消费者。简单来说，电商就相当于传统渠道中的水果店。褚橙只管把橙子以一定的价格卖给电商，后续销售由电商自己负责。

"以前推销东西到上海、广州，很费力，你要一块一块地切给别人吃，别人才知道好，但现在互联网发展起来了，一传十，十传百，大家

就都知道你的产品好了，但反过来如果产品不好，人家知道的也快，也就很快会走下坡路。"褚老如是说。最深刻的改变是信息传播"快"。褚老认为，褚橙"触网"以来，效果很好，特别是可以避免假货进入市场。

2012年，褚橙红遍网络后，又反过来刺激了传统渠道的热销。目前，褚橙在全国都有合作的零售店，具体模式就是水果店直接与公司签合同。这样一来，盘活了整个生产和销售链条，而且有助于打击假冒产品。

据了解，褚橙评定的零售店，分为不同的等级，级别不同，进货量也不同。这样既防止零售商进货过多造成滞留亏损，也防止褚橙品质受到保鲜不佳的影响。

在线上电商和线下进店的合力作用下，褚橙的市场认可度和受欢迎程度大幅上涨。

如今，每到褚橙季，褚橙市场部负责人就经常收到各种要求加货的短信、电话。以前要50件褚橙的，现在则要500件；以前不卖褚橙的，现在找上门来进货。

我们认为，褚橙营销最大的成功就在于，线上人气暴涨的影响力完美作用于线下销售，两者的衔接堪称"天衣无缝"。

第六章

褚橙是怎么卖的

CHAPTER 6

第六章 褚橙是怎么卖的

第一节
营销第一步是坐着别动

褚橙是什么？卖给谁？怎么卖？

在没有想清楚这3个问题时，我们没敢开售，或者说，我们一开始确实不知道要怎么卖褚橙。

其实，这就是要想清产品定位，找到种子用户，确定营销方法。

在产品定位方面，我们拿到褚橙的时候，尤其是在品尝了它的味道后，我们的理解是褚橙可能和很多橙子不一样，它不仅是一个橙子，更是一种精神。今天回头修订这本书时，发现2012年我们对褚橙的定位是，它是一种励志产品。虽然这放到今天来看，还是比较局限的——依然在就产品而看产品。实际上，褚橙不仅仅是励志橙，更是一种严苛的种植管理标准，它是优品水果的代表。

如果今天将我们之前的定位重新推演和升级，我想在给褚橙定位上，我们一方面会继续突出它的口感和精神力量，另一方面也会重点来定位它背后的管理标准，而在宣传上，我们显然不会只把重点放在励志和精神元素上。

在找到种子用户方面，对于哪些人是褚橙的种子用户，可能和如今我们定位的褚橙的多数种子用户是年轻人不一样。当时我们瞄准的是那

褚橙方法1: 重新定义品牌

些脑海里面有红塔山香烟记忆的人,这些人的记忆里有褚老的影子,能够将产品和褚老建立起直接的联系。

当然,现在褚橙的种子用户不仅是这一波人群,还有互联网上的褚橙关注者和更多的年轻群体。

在确定营销方法方面,我不完全迷信互联网,但也深知互联网的传播效力,所以,我们在销售褚橙的过程中,进行了线上线下联动营销。

可以说,对线下的传统渠道营销,我们没有放弃,反而更重视渠道和分销的布局,十分重视线下体验和精准营销。而对线上的互联网营销,我们则尽量跟上形势,借力社会化媒体,进行全方位传播和销售。

我在对褚橙产品负责人和售后人员进行培训时,经常用表6-1来说明我们应当了解消费者的哪些想法及其应对策略。

表6-1 消费者心理及其应对策略

问题	消费者的心理	我们要做什么
购买前的问题	消费者从什么渠道听说褚橙	先讲褚老的故事
	他们都能在哪儿看到褚橙	让褚橙无处不在
	他们为什么要买这样一种橙子	给一个买褚橙的理由
	他们对褚橙的期望是什么	提炼褚橙可传播的点
购买中的问题	购买方便不方便	销售地点便于查找、包装、配送
	购买时愉快不愉快	客服人员的态度、语气
	决定购买的要素是什么	提供试吃、讲解服务
购买后的问题	是否达到了预期	跟踪问询、意见反馈
	二次购买的欲望如何形成	产品在成熟到什么程度时发货
	会向其他人传播与推荐吗	高度提炼产品特性

我们在营销上基本围绕上述消费过程的一些问题展开，与其说是在做营销，不如说是高度尊重顾客，从顾客角度出发，分析顾客心理。

一般来说，当顾客感受到了你的善意时，无论你是邀请他进行产品内测，还是邀请他到院子里来喝茶聊天，抑或是帮你卖产品，他都会予以支持。

2012年，我们希望能在成都找到一个知名度比较高的地方，后来找到了东区音乐公园。当时，一个朋友在这里有一个很大的经营场所，本来是用来拍电影的，但当他知道我们找地方是为了做褚橙营销时，便爽快地答应为我们免费提供场地。

我们把那个场地改成了"i有机"的临时库房，然后在大门外制作了很多易拉宝、X展架以及横幅和宣传单，设置了移动试吃点，等等。

其实在褚橙的推广上，本来生活网团队也做了大量工作，得益于他们的努力，褚橙当时已经广为人知。在这里，我重点介绍我们在成都的推广方法。在互联网大热之时，线上线下的结合十分重要。很多创业团队，尤其是生鲜创业团队，如果有机会做本身已经有很高知名度的产品，那么地推可能就是非常好的顺势之作。

第二节
最管用的不是讲故事，而是地推

如何让更多用户知道褚橙，并产生持续的购买力？

我认为，在拓展互联网广泛的影响力的同时，最好的办法还是持续

有规模、有节奏的地推。

褚橙有一定的特殊性，因为当我们在成都和北京同步营销褚橙没多久，本来生活网就掀起了褚橙进京的宣传高潮，尤其是在互联网上，褚橙进京的消息几乎铺天盖地，产生了很大的影响。互联网的传播和电商销售，已经打破区域限制，尤其是在高效率的物流发货支持下，各个区域之间既存在合作又存在竞争。

当然，2012 年，褚橙在各地的销售还远远不像今天这么火爆。现在每年年底，仅在淘宝网，就有许多电商在销售褚橙，虽然其中有不少是假褚橙，但依然搞得热火朝天。

我们在成都如何打开局面？我们分析发现，本来生活网在北京对褚橙的传播已经形成了很强烈的反响，于是，我们在线上的传播，需要做的就是进行再引导和发酵。

我们在成都一边通过广告、报道广泛宣传褚橙，一边踏踏实实地努力做地推工作。

2012 年，成都"i 有机"从本地地推做起，通过居民小区设点、租场地现场销售、发宣传单等方式，与普通消费者面对面地销售褚橙。

地推工作很辛苦，我记得那个时候天气已经转冷了，我们找了很多兼职大学生，培训上岗。当时很多小区要付费进入，按天收费。为了吸引更多人，我们有些地区摆点的同事早上 5 点就去办公室集合分发资料，然后各自带队伍去选好的点，7 点多很多点的准备工作都已基本完成，让早起出来锻炼的人，一眼就能看到褚橙地推人员。

当时，很多公司的摆点工作都是 9 点多才开始。而我们不仅起得早，收得也很晚，很多时候摆到凌晨。其实，那么晚了，天气又冷，没有太多人出来逛。但当时小区物业是按天收费的，我们只能尽量拉长一天的摆点时间来收集数据。

在地推中，有几项工作需要做：一是摆点；二是发传单；三是搞试吃；四是收数据。

相对于网上通过发优惠券、代金券这些形式的推广转化效果，我们针对褚橙做的地推转化效果要好得多。我们通过梳理褚橙在成都的用户数据发现，很多用户的确是我们通过地推工作获得的，这些用户后来都成了褚橙，甚至"i有机"的忠实客户，其中的很多客户还主动让我们做他们的水果管家。

地推能够给用户带来深深的信任感，这大概也是众多初创企业推广产品都从地推开始的原因吧。

1. 进社区

成都的龙湖三千集、中海国际等中高档居民社区，都出现过褚橙地推队伍的身影。在社区门口，我带着几箱褚橙、一个易拉宝、一叠快讯商品广告（DM）宣传单、一张方形桌子、一盘已经切好用以试吃的橙子，一站就是一天。仅2012年，"i有机"就发出了数十万份褚橙DM宣传单，"驻守"过成都很多居民社区。

经过长期实践后，我们发现在社区摆摊试吃的效果极好。一般情况下，吃了的顾客都会觉得橙子味道很好，并且愿意购买。

生鲜类的地推工作中一定要做试吃，特别是在做口感好的水果地推工作中。

有人看到邻居买了，也会跟着买来尝尝。这种面对面的交流，能让目标消费者直接感受到产品的魅力以及销售者的真诚，促使他们迅速建

褚橙方法1:  重新定义品牌

立起对产品的信任感。

2. 场地摆摊

2012年褚橙季,我们在成都东区音乐公园几百平方米的露天场地,挂起了长长的横幅——"褚时健种的冰糖橙"。我们的工作人员每天都在那里现场售卖褚橙。

当时,成都有一种说法是"买正宗褚橙,到东区音乐公园"。在这个阶段,消费者基本是抱着"尝一尝,好吃就买"的态度。

这样传统的办法,虽然比较耗时耗力,但我们认为这是必经之路。只有看到了顾客,了解了他们的喜好,听取了他们的建议,才有利于下一步计划的推进。

3. 进餐馆

成都的餐馆非常多,顾客用餐后,往往想吃一些爽口的水果。平时,一些餐馆也会免费为顾客提供水果拼盘。

进餐馆无疑是推广褚橙的一个好办法。2012年和2013年,我们与成都的一些餐饮店达成合作,在店门口搭起褚橙的宣传展台,并为每一桌食客赠送定量的褚橙尝鲜。

事实证明,进餐馆推广的效果出奇的好。消费者走到店门口的时候,多数会被我们的展台吸引,并领走褚橙宣传单,有的人还会停下来询问产品的详细情况。

等到用完餐后,消费者会比往常更加留意餐后赠送的褚橙,于是,

也就有更多人被褚橙的味道折服了。

有的顾客直接就买几箱褚橙带走，有的顾客记下了褚橙的购买方式，还有的顾客说想尝一尝……这时，我们的宣传展位人气爆棚，路过的人，几乎都会好奇地张望，然后拿走一张宣传单。就这样，知道褚橙的人，知道我们在销售褚橙的人，又多了很多。

4. 进企业

褚橙刚面市的前几年，很多客户都是企业。当然，其中有许多来自褚老以前的人脉资源。但不可否认的是，企业作为一个团体，其员工之间口口相传的效应是不可估量的。

褚橙在成都市场的推广中，我们对地推方向进行了精准梳理，比如，走进部分成都金融机构、民营企业，通过在办公大楼设宣传展示台、提供免费试吃等方式，推广褚橙。尝到免费褚橙的办公楼员工无不发微博、微信，为褚橙营销进行二次传播，其中也有不少人记下了褚橙的网络订购方式，在网上订购褚橙。

地推尤其需要注意管理效率，虽说一次可以覆盖很多地点，但是在现场具体怎么做，一开始也要做好准备。其实，一开始负责地推的同事也不知道该怎么做，也不知道消费者关心哪些问题，于是我们开始了试验，甚至还准备了标准问卷，以避免回答不统一，影响到品牌形象。就这样，我们一点点积累经验，然后用这些经验培训员工。

我们看到很多产品也在做地推，但也仅限于发发传单或者搞搞试吃，而没有把地推做成一个可以分享的互动过程。我们在做地推时，有意对消费者进行引导，再通过线下品尝进行线上传播，吸引线上的人到

褚橙方法1：**重新定义品牌**

线下来消费，这个过程即是互相引流。

我们在成都做地推的效果很好，还有一个重要的原因就是褚橙口感好，顾客试吃以后的转化率高。但同时也说明，只有深入一线，才能找到最有效的推广方法。

第三节

拆解产品属性

褚橙的品质这么好，该怎么去宣传？

我们不能直接告诉消费者，褚橙口感不一样、外观不一样、种植环境不一样，这样的表达几乎毫无意义。那么，如何表现产品的"不一样"？在褚橙营销中，用数字表达产品独特性的方法，得到了很好的运用。

当时，胡海卿在本来生活网打出了褚橙的"1∶24的黄金酸甜比"口号，认为这是"最适合东方人口味的""有着中国人欣赏的甜""味道超越美国进口的橙子""沁人心脾的甜"……

这一下子便将褚橙立体化了。因为在褚橙之前，从未有谁如此凸显橙子的酸甜度比例，大家对食物口感的描述仅停留在感觉层面。1∶24这个数字比例，原本在受众心中没有任何意义，但它与酸甜度结合在一起，就变成了褚橙独有的比例，刻上了褚橙的身份印记。

受众了解了褚橙1∶24的独特属性之后，就会更容易接受"甜而不腻""脆甜无渣""丰富的维生素C"等有关褚橙的描述，而且会将这些实际上很普通的特质与褚橙单独联系在一起，反过来强化其独特性。于是，褚橙营销轻松地让"不是所有的冰糖橙，都能叫褚橙""褚橙了不起""最牛橙子"等观念，深入人心。

沿着这种思路，我们还将褚橙的大小数据化，比如，我们在产品介绍时写明，"激情版：胸径 70 毫米以上""梦想版：胸径 65 毫米以上"。消费者在看到这样的描述之后，会对橙子有一个初步印象，联想出一个差不多大小的橙子，让产品有了独特的可视感。

此外，"10 年种一橙""35 万株""一棵树结 240 个果子""土壤吃水量到 60%""10 年时间改造土壤""2000 小时年日照量""21℃自然恒温"……各种数字将褚橙的独特轮廓描绘了出来。

数字描述虽然稍显生硬，却最直接简明，常常能达到意想不到的效果。

不过，单凭数字无法完全表达产品的独特性，我们又将水、阳光、肥料、环境等与产品相关的因素进行了拆解，以简明扼要的形式把产品优势展现出来。

以下就是褚橙介绍中对"阳光"的一段描述：

> 把枝条剪掉，让阳光从每个角度都可以照到。雨水多少，日照长短，都会影响橙子的生长。整个橙园有 240 多人主要就是负责把枝条搞好，每个月都要修枝剪枝。一棵树结 240～250 个果子正好，太多也要剪掉。一棵树从生长到结果，几乎要砍掉 1/3 的枝叶，才能让果子得到充足的光照和通风。

这几句话，其实很简单，就是把知道的实际情况写出来，朴素中透着一股真诚。在文字表达上，我们提倡讲重点，不需要太多华丽的辞

藻，消费者就能清楚明白你的意思。还有一点要切记，产品介绍不能太长，如果篇幅太长又没有提炼出关键点，消费者才懒得看呢。

现在，很多企业热衷于打品牌广告，却忽略了一个问题，人们也许知道了你的品牌，却不知道品牌旗下有什么产品，很大的原因在于，你的品牌广告和产品广告脱节了。试想，如果消费者只看到你说"橙诺，一个就好了"。他可能会猜到你卖的是橙子，但是该如何满足他接下来的好奇心，让他进一步了解你的产品呢？

其实，介绍产品很简单，宗旨就是紧紧围绕产品特性。关键在于，怎样以独特的方式，将你的产品特性告诉受众，并让他们接纳。20世纪50年代，当时美国达彼思广告公司的董事长罗瑟·瑞夫斯（Rosser Reeves）首次提出了独特的销售主张（unique selling proposition，USP）概念。所谓独特的销售主张，就是找出该商品的与众不同之处，即独特的卖点。

无论是独特的销售主张，还是时下流行的整合营销传播，都强调一个产品的独特性非常有助于其在产品竞争中脱颖而出。那么，该如何挖掘产品的独特性呢？我们认为，第一步就是从产品本身出发。以褚橙为例，橙子的口感、外观以及得天独厚的生长环境，构成了褚橙三大特点，而产品的独特之处就隐藏其中。

另外值得一说的是，产品介绍要争取调动起人们的多个感官。有研究表明，人类的大脑通过听觉、视觉、触觉、嗅觉、味觉来接收外部刺激，我们的5种感觉器官时刻都在搜索事物的原始数据，并供给大脑理解分析。这就意味着，如果营销者能用多种感官渠道与用户沟通，其信息就会更加有效，被人记起的概率也会更大。

比如，在一项国外研究实验中，参与者读到了两则薯片广告，一则只强调味道好，另一则除了说味道好，还描述了薯片的香味和口感。更多的参与者预测，第二则广告里的薯片味道会更好。

也就是说，我们要有意识地从产品的味道、触感等角度切入进行描述，勾起人们独特的感官反应。

后来，我们的产品团队几乎形成了一个不成文的规定：尽管你是用文字来描述东西，但要看其是否和人的眼、耳、鼻、舌、手有感官关系。比如，我们要求设计师在设计水果或者选颜色的时候，要考虑自己设计出来的东西会不会让人一看就有感官反应，如设计青涩的产品，舌头是否有酸涩感。回到拆解产品的属性上，我们一直希望达到产品能和人的感官发生交互的目标。

第四节

海报的一秒制胜法则

在地推中，能不能让用户看一眼就停下来细看？

这就是我们想说的一秒钟制胜法则，最好的利器是海报。海报做不好，容易变成牛皮癣，令人讨厌。那么，在海报设计中，我们如何做到一秒制胜呢？

1. 颜色

海报颜色最重要的功能就是加强冲击力，引发消费者联想。从褚橙

褚橙方法1：重新定义品牌

产品的橙黄色出发，我们将海报底色确定为抢眼的黄色，以刺激人的眼球和食欲。

如何决定一款产品的颜色？与产品相关度越高，颜色记忆越深。以褚橙为例，"橙黄色"是第一选择，因为它是橙子的本来色彩，直接与产品对应。同时，橙黄色给人以明亮的感觉，特别引人注目。

于是，我们可以看到，不仅褚橙的海报，包括褚橙的纸盒包装、宣传漫画、DM（直接邮寄广告）单等一系列设计，无一不是将橙黄色作为主打色。不管是橙子图案，还是宣传册的封面背景色、包装盒颜色等，都选择了橙黄色。

另外，我们将广告语关键字"褚橙"放大突出，以红色标注，并设计与字体大小相当的白色圆形背景。其他广告字均以红色为主色，以海报的橙黄色为背景。红色字体在冲破黄色背景的同时，又很好地平衡了整体颜色。当消费者第一眼看到海报时，一定会先被广告语吸引过去，从而直接看到广告的核心内容。

专业研究认为，当人们选择产品时，感官体验越来越成为重要的影响因素，比如，音乐、花香、室内装饰等都可被称为感觉营销，尤其以颜色带来的视觉感受最为重要。如果你的产品颜色选择得当，就会唤起消费者强烈的情感。色彩能影响人的情绪，广告作品中的有些色彩会给人以甜、酸、苦、辣的味觉感。可以说，颜色是一种视觉语言，也能用来与消费者交流。比如，蛋糕上的奶油黄色，给人以酥软的感觉，引起人的食欲。而苹果公司的白色苹果标志（logo），就成功突破了人们的惯性思维（以为苹果是红色的），让其有了全新的科技感。

颜色选择错误，可能会酿成难以挽回的后果。一家丹麦公司在推出一款白色干酪时，选择了以红色包装投放市场，而其选择这种颜色的目的是让其在货架上更加醒目。尽管这款产品的味觉测试结果很好，但销量不尽人意。

后来该公司市场人员对消费者的分析显示，红色的包装盒上产品的名称使消费者产生了错误联想，脱离了产品联想应有的轨道。在消费者心目中，很难将红色的包装与白色的干酪联系起来。后来，该产品以白色的包装重新推出，销量明显提升。

如今，产品与特定颜色的关系越来越紧密，以至于颜色可能成为一家公司的商业标志。为此，有的公司甚至去申请颜色的独家使用权。比如，加多宝和王老吉两个凉茶品牌，就进行了一场持久的"红罐之争"。

2. 广告语

作为海报的主体，广告语、广告图具有不可替代的关键作用，是整个海报的灵魂所在。成功的海报设计，不仅能够准确传达产品信息，显示品牌精神，还能吸引受众注意，并引发受众第二次传播。

在既定内容统一的前提下，海报的广告语、广告图讲究花样多变，以便能不断去吸引受众。为褚橙设计了4种不同风格的海报后，我们总结了一些经验与大家分享。

第一种：互联网词汇系列。

毋庸置疑，互联网词汇在标新立异上特别突出。值得考究的是，我们在创造时，要注意把产品融入互联网词汇中，以给人一种新的感觉。在设计褚橙专属互联网词汇的时候，我们发现"橙"字的发音"chéng"能够组合为"承诺""诚意"等。于是便有了"橙诺，一个就好了""送礼还得有橙意！""微橙给小主请安"等新鲜广告语，既有新意，也与

产品相关。

第二种：大牌爱马仕系列。

为了彰显褚橙的别致，我们希望设计一款海报来表现它的高品质和与众不同。对此，我们在讨论的时候，想到了国际奢侈品品牌爱马仕。在时尚界，爱马仕产品插画以"时尚、精致、高档次"的形象深受众人喜爱。那么，褚橙能不能借鉴爱马仕的插画风格呢？

我们和海报设计师经过数日的研究和尝试，最终确定了3款与褚橙相关的插画图案：

第一幅：踩着"褚橙轮"的哪吒。以紫色为背景，由两个橙子作风火轮，哪吒手持长矛，脚踏"褚橙轮"，塑造出一种风风火火、充满朝气的形象。我们把这幅图命名为"驰橙（骋）天下"。

第二幅：鹿角长出褚橙的梅花鹿。以绿色为背景，一只棕色的梅花鹿坐卧其上。特别引人注目的是，梅花鹿的鹿角特别长，就像正在延伸向上的树枝。在树枝状的鹿角上，我们画上几个橙子，表达出"破橙（陈）出新"的精神。

第三幅：有褚橙大眼睛的猫头鹰。在猫头鹰的设计上，我们把切开的两个橙子作为猫头鹰的大眼睛，成为整幅画中最抓眼球的部分。猫头鹰的两只褚橙眼睛炯炯有神，透露出我们"橙（诚）意，可见"的心声。

第三种：名人系列。

我们采用名人头像+推荐语的方式，把当时一些意见领袖的推荐语做成了海报广告。得益于已有的公开资料，名人系列的操作更简单一点。

第四种：真实系列。

直接把产品图案展示在海报上，这种常规的做法也不失为一则妙计。消费者受到产品实物图的冲击，自然会产生眼见为实的感觉，从而直接刺激消费者的购买欲。

事实证明,"i 有机"每一款褚橙海报都得到了消费者的肯定,不仅吸引了消费者驻足浏览,还让许多看到海报的人拿出手机来拍照,并把这些有意思的图案和话语发到微博、朋友圈,与更多人分享。

总体来看,我们的海报达到了一秒制胜的效果。而这种效果背后是团队成员无数次的讨论和无数种设想。不过,在寻求不同风格之前,制作海报,我们要做到板块核心内容统一。

按从上到下的排列顺序,每一张"i 有机"的褚橙海报都由 4 个板块组成:

第一,成都"i 有机"的商标和定位。告诉消费者我们是谁,我们是干什么的:"i 有机"是成都领先的特色食材电商平台,另外还指出了我们与褚橙的合作关系。

第二,褚老人物图片和简介。在褚老的所有图片中,那张戴草帽的照片尤其有神韵——褚老站在烈日下的果园里,带着草帽、墨镜,眼里充满了智慧。

纯文字和纯图片对于一个进入市场的新品来说,都显得过于简洁了,如果要在一张海报上写上文字,显然不能太长,而应该尽量做到简洁而直白。

我们对要出现在海报上的文字进行了多次修改调整,最后确定的版本是:

褚橙,产自云南,以鲜、爽、甘、甜、可口诱人著称,由昔日烟王红塔集团董事长褚时健75岁再创业,种植10年而成,因此也叫励志橙,商业品牌为:云冠橙。

看似简单的一张照片和一段简介,却着实让我们思量了许久。在照片选择上,我们认为一定要把褚老和橙子联系起来,而且要体现出他的辛勤劳作。所以,在他为数不多的照片中,我们选中了他在检查褚橙果园时的一张生活照。

而对褚老和褚橙的介绍,我们更是句斟字酌,力求用最精练的语言充分概括两者。

首先,介绍褚橙的产地和口味,而"鲜、爽、甘、甜、可口诱人"就充分调动了读者的感官。

其次,在介绍褚老时,我们反复考虑后加入了"昔日烟王红塔集团董事长"的身份。毕竟,有很多人知道红塔山香烟,但我们也要承认,不一定每个抽红塔山香烟的人都认识褚老。通过这样的提法,我们希望在做地推时,把更多大龄人吸引过来,并成功引起他们对褚橙的关注。

最后,为了不让消费者对褚橙这个名字产生疑惑,我们对"励志橙"和"云冠橙"进行了介绍。如果不做介绍,很多消费者就不知道三者其实是同一产品。当他们拿到标有"云冠"商标的橙子时,就会疑惑,买的是褚橙,为什么送来的是云冠橙?他们甚至会怀疑买到了假货。

第三,广告语、广告图案。广告语、广告图案是对产品品牌和品质的宣传。这是海报的主体板块,占据海报最大的面积。

第四,褚橙订购办法。海报的作用除了宣传品牌,还有就是促进销售。我们有必要把具体的购买方式告诉消费者,并且让他们知道能够享受送货上门的增值服务。因此,在每张海报的最下方,我们都把电话订购、"i 有机"官网订购、淘宝订购、QQ 订购、微信订购、二维码订购这 6 种方式和具体渠道进行了公布,让消费者能够选择最方便快捷的购买方式。

与此同时,"i 有机"网是成都地区唯一获得褚橙授权的网络销售平台,我们显然有必要把这一重要信息传递给受众,所以我们将此信息也放了上去。相对更多大牌的海报来说,我们这个海报设计得比较复杂,但是功能性的海报,尤其是只摆放一张海报时,各种意思基本都传达到了。为了避免让人看到海报觉得拥挤,后来我们做比较大的场地海报时,就把上面的信息分拆了,然后组合成一组拼图。其实我们无论如何调整组合,核心信息就是上述这些内容。

第五节
得粉丝者得天下

互联网经济发展至今,大致经历了 3 个阶段。

电商 1.0 时代,以搜索为核心,主要依托搜索实现流量变现,现在,搜索依旧起着不可小看的重要作用;电商 2.0 时代,以流量为核心,但凡互联网企业都在追求流量。在这个阶段,谁会玩活动,谁会创造好游戏,谁能抢流量,谁就能取得成功;而在我们当前所处的电商 3.0 时代,以粉丝为核心,企业着力于打造强大的粉丝经济社区,谁的粉丝多,谁的粉丝最活跃,谁就能站到顶峰。

在褚橙线上营销推广中,我们对粉丝经济也极其重视,并取得了理想的效果。

我们做粉丝经济的经验,是从最笨的方法开始的。

第一步,我们为粉丝开通渠道,比如,微博、微信、贴吧等媒介,

褚橙方法1：重新定义品牌

尽可能地将它们都利用起来，这不仅方便粉丝主动关注你，而且有助于信息发布；

第二步，用好的产品和好的传播内容，吸引粉丝，让粉丝为你点赞。

开通粉丝渠道毕竟是件简单的事情，维护粉丝渠道却要花很大的心思。如何制造机会，吸引粉丝、维护粉丝？如何让粉丝不讨厌你的广告信息？最好的办法就是学会与粉丝互动。

尤其在互联网时代，社交媒体为产品与粉丝互动搭建了天然的渠道。在互动过程中，企业把选择的权利交还给粉丝，这样不仅能让信息传播得更快更广，而且在互动中与粉丝交朋友，能巩固双方关系。

褚橙官方微博曾做过一次小结，在褚橙推广初期，通过粉丝使用优惠券的情况监测出，互动率最高的内容日订单转化率最高达22%。推广前新建微博粉丝几乎为0，推广后积累了近4000名优质真实粉丝，其中订阅粉丝人数有近千人。这就可以很好地证明，在"添粉"这件事情上，与粉丝互动是最佳办法。

1. 试吃团

2012年，第一波褚橙营销一开始，我们就举办了几次免费试吃活动，每场限50人。我们在网上发布了这样的消息：

褚橙免费试吃，它是冰糖脐橙的一种，产自云南哀牢山，以味甜著称。甜中微微泛着酸，像极了 人生的味道。"i有机"独家邀请50位朋友免费试吃褚橙，并领取8粒装的褚橙礼包。

参与方式：在QQ空间转发该条消息，我们会从中抽取50名粉丝，

第六章 褚橙是怎么卖的

并为您寄出礼品。

消息发布之后，名额很快就满了。而消费者吃过之后，评价都很好，并在网上为褚橙点赞，我们由此有了"i 有机"第一批褚橙粉丝。他们不仅自己掏钱购买褚橙，还把好吃的橙子介绍给身边的朋友，推荐他们尝一尝。

除了免费送橙，我们还为消费者购买褚橙提供了免费的增值体验服务。2014 年，在每箱褚橙里，我们都免费赠送 3 个单价为 2 元的"剥橙神器"。有了这个小东西，消费者省去了用手剥橙的麻烦，能够更轻松快速地剥好橙子，这无形中为产品服务增色不少。

这样的方式看似不起眼，却能够走进用户心里。有些成都的大爷大妈坐着公交车来到"i 有机"公司，就为了要两个剥橙神器。看着他们满意的表情，我们也感觉很开心。

这就是利用免费模式将某些内容或者产品免费提供给消费者的一种营销模式。与此同时，消费者要满足一些企业提出的简单要求，常见的要求包括关注商家微信微博、转发微博、写产品评论，等等。

一般情况下，消费者在购买之前总会考虑商品是否值得购买。免费尝试，就是给消费者一个认可商品的契机，邀请他们考虑是否值得购买，充分尊重了他们的选择权。

当然，免费策略看起来非常简单，但千万不要以为只要免费就有人追捧你的产品。赤裸裸的促销信息只会引起消费者的反感，因此免费方法不能经常用，要恰当地给消费者制造一种机会难得的感觉。

褚橙方法1: 重新定义品牌

2. 优惠

2013年褚橙季，我们开始尝试传达情谊的优惠活动，在促销的同时，更贴近消费者的心。我们与《成都商报》联动，这年11月8日，《成都商报》刊登文章《11·11，让我们"橙"传爱》，宣传褚橙的"双十一"活动。

我们在文稿中这样写道：

这一次我们不要鲜花，不要巧克力，用"橙"意来表达爱意，送甜甜的"褚橙"给ta，预示一段甜蜜生活的开始，将满满的浪漫实惠送给最爱的人；行动起来，为心仪的对方送上一份爱的"橙"心"橙"意，勇敢说出心里话来奋勇"脱单"吧！为心里的ta送上甜美的"褚橙"和祝福，让"双十一"不再孤单，成为你们一生爱的纪念日！

阅尽千帆、历尽人世沧桑的褚时健老人和他的团队一起，经过反复比较和培育，严格执行科学种植，使每一颗"褚橙"能基本保持1∶24的酸甜比，果汁停留在嘴里的时候，甘甜的果汁结合着一丝微酸，仿佛就是爱情的味道。"褚橙"的皮用手也能够轻松剥开，无论何时何地，您都能够亲手给心爱的ta剥上一个橙子，再亲手相喂，让ta从嘴里甜到心里。

今天下单的前20位，我们还将送出3D魔幻艺术展成都富力站门票2张，带着另一半甜蜜度过"双十一"，好吃好玩好看，从此不孤单！

于是，通过买褚橙送艺术展门票的活动，褚橙在"双十一"为消费者送出了一份关爱，也表达了一份浓情。

为粉丝提供优惠的目的很简单，就是通过互动交流让顾客间接购买商品。在我们的公众平台上，时常会以优惠券来吸引粉丝加入。比如，在微博上，消费者可以分享自己购买的褚橙照片，并写上几句简单评语，就可以获得10元优惠券，或者转发我们的官方微博获取优惠券。不管用哪种方式，都要做到简单易操作，参与门槛低，这样才能调动大家的积极性。

重要的是，一定要让消费者感觉到舒心，体会到参与活动的快乐。付出了劳动，才享受得到优惠。至于团购信息也要讲究清晰明了，而且要选择好发布渠道。

"i 有机"与《成都商报》旗下买购网成功合作过团购活动，买购网也借此成了第一个卖褚橙的媒体渠道。在买购网首页，显示着褚橙团购的图标广告，点击进入就能看到"品褚橙，事竟成"的团购活动，市场价138元一箱的褚橙，团购价为98元。

受买购网强大的地域传播优势影响，这次活动最终吸引了近900人参加，卖出了上千箱褚橙。这样一来，我们不仅卖了橙子，还收获了近900位客户，在下一季褚橙出新的时候，他们可能就是复购客户。

在优惠活动策划方面，我们还可以有一些"花样"，比如，借节日的机会送礼，调动消费者的参与积极性。

其实，粉丝经济是现在互联网时代任何产品都需要高度重视的，无论是面对类似农产品的传统商品，还是面对以互联网为主要渠道的创新商品，粉丝经济都以情绪资本为核心，以粉丝社区为营销手段，以消费者为主角，由消费者主导营销手段，且从消费者的情感出发。企业借力使力，从而达到为品牌与偶像增值情绪资本的目的。

例如，乔布斯和"苹果粉"。乔布斯带领苹果公司为人们创造了一个科技新世界，他本人也成了民众之中魅力非凡的偶像。乔布斯和苹果公司在全世界拥有了众多粉丝，这使得苹果公司的一举一动都备受关

褚橙方法1：重新定义品牌

注。新品发布之前，苹果粉丝热衷于讨论产品；新品发布之后，很多人彻夜排队，只为抢先买单，体验新手机的魅力。

互联网时代，只要粉丝喜欢你，他就愿意为你付费。粉丝不仅能够给商家带来直接的经济效益，还能成为商家强大的营销力量，免费为商家的品牌推广宣传。

在北京，褚橙的主推手本来生活网于2014年11月开通了百度官方贴吧。在2014年发售的褚橙里，所有的开箱手册全部加入贴吧logo、二维码及详细的活动介绍，把消费者自然引入贴吧来，进而通过贴吧作为连接消费者的情感纽带，实现线下线上的双向互通。

借助褚橙的销售季，本来生活网把"褚橙抽奖"作为贴吧的王牌活动，一时间吸引了大量的老用户和新用户的踊跃参与。在短短两个月的时间里，本来生活吧就从建立之初的59个用户、63个帖子激增到超过19万用户、16000多个发帖量。

系列活动为本来生活官方贴吧带来了可观的关注度，使其在饮食类目贴吧的排名冲到第二，签到率超过50%。由此可见，给粉丝一个舞台，他们会让你更精彩。

当然，粉丝的价值不仅在于增加产品的销量和助力产品推广营销。在小米手机问世之后，人们发现粉丝对于产品的改良也起到很大作用，他们能够深入到专业层面去研究产品。在小米贴吧，粉丝们会提出各种产品修改意见，小米公司从中筛选出好的意见后，对产品进行优化。受此启发，"i有机"也学习了小米公司向粉丝求招的办法。

另外值得一提的是，褚橙的名字也是粉丝们的"智慧结晶"。在粉丝的追捧下，原名"云冠"的褚橙才被亲切地叫作"褚橙""励志橙"。换句话说，褚橙这个响当当的名字，是被粉丝们喊出来并得以广泛流传的。

第六节
想让别人参与，先问自己是否愿意加入

当你设置一个线上的互动活动时，先问问自己，真的愿意加入吗？

我经常问我们的营销人员这个问题："你反复问自己，如果是别人发起的这个活动，你会参与吗？你真的会参与吗？你真的会发自内心地想要参与吗？"

2014年，褚橙在前两年打响知名度，拥有一批粉丝之后，我们也陆续发起了一些能够引起粉丝参与的活动。

但是基于开头提问那样的顾虑，我们迟迟没有决定要做什么样的活动。

当时，微信上的HTML5小游戏开始受人关注，我们想到，能不能开发一款既简单又有趣的游戏。

最后，我们联手买购网推出了一款微信端小游戏"橙王争霸"，大大增强了粉丝黏度，更深层次地调动了粉丝的参与性。

橙王争霸游戏很简单，就是看你20秒内能戳到多少个橙子。我们引入了比赛机制，根据用户的成绩选出日冠军、周冠军和月冠军，日冠军的奖品是一件10斤装的"梦想版"褚橙，周冠军的奖品是5件"梦想版"褚橙，月冠军可获得10件"梦想版"褚橙。

玩家只需要关注微信"商报够姐"就能参加，玩家成绩以及获奖者名单会在"成都商报买够网"微信及《成都商报》上公布。

另外，在游戏设计上，我们在每局结束的页面上显示了购买褚橙的网站链接。如此一来，很多玩家都会点入，在增加网站浏览量的同时，

褚橙方法1：重新定义品牌

也促进了销量。

这款游戏的玩家突破了5万人，最好的成绩是在20秒内戳了489个橙子。在活动期间，我的朋友圈每天都被身边的玩家刷屏，看着他们快乐地刷成绩，我觉得付出的努力是值得的。

总的来说，增加用户黏度的活动周期会更长，需要团队持续关注和投入精力。而根据我们的活动经验，我总结了此类活动的五大特点：

第一，简单、门槛低。如果活动设置太复杂，用户连规则都不会看完就会放弃参与。

第二，趣味性强。有趣的活动能给用户带来愉悦感。

第三，要有挑战性。挑战性不强的活动，用户无法沉淀，也难以持续下去。

第四，方便传播。活动的目的不只针对一个人，而是希望通过一个人，让更多人知道，因此要有方便的传播渠道。

第五，公平公正。有失公平的活动，注定会被用户丢弃，而且会影响品牌形象。

一款好玩的新游戏、一部新手机都能够引起人们的好奇，从而让用户更容易参与到互联网产品中来。科技产品天生具备与用户的黏性和持续性，玩家、粉丝、发烧友都可以是"产品经理"。

秉着"脱离群众的产品一定不是好产品"的理念，我们对褚橙参与感进行了优化。其实，方法的本质并不复杂，就是把线上营销和线下营销结合起来，各自发挥特长、互为补充。但对于农产品来说，线上线下活动的对接相对更难，而且同行业没有典型的成功案例可以参考学习，因此我们只能在发挥想象的同时，参考借鉴其他行业的做法。

小米科技联合创始人黎万强在《参与感：小米口碑营销内部手册》

一书中说："粉丝效应都是从一个小族群开始。大家因为某个共同兴趣而聚在一起。去中心化的互联网，未来将分化出无数的兴趣族群。"

小米科技在无数的族群中让其口碑在社会化媒体上快速引爆，而小米科技联合创始人黎万强认为，小米成功的原因就是创造了"参与式消费方式"。

除了小游戏，还有分享式互动，通常是指品牌抛出一个话题，把话语权交给用户，让他们自由分享体会或者经历。

2012年11月，"i有机"就推出过一次分享活动。为了鼓励成都创业者，"i有机"在《成都商报》以及其他网络媒体上发布消息，希望选出一批优秀的创业者，由公司送橙子给他们。

创业者或读者只需关注实名认证的新浪微博"@成都商报－创富"和"@'i有机'"，成为粉丝，并用140个以内的字推荐自己心目中的优秀创业者，组委会经推荐评比后将给被评出的优秀创业者送去"褚橙"，参与名额为100人。

而实际上，参与的人数远远超过了100人，我自己都亲自送出了200多份礼品（褚橙礼盒），成都创业者们也非常给力，将褚橙推荐给了更多的朋友。

分享式的互动办法应当把握以下要点：

第一，分享的主题与品牌相关。主题能够代表品牌的一种精神态度，让粉丝知道你在关注什么，最好你提出的问题正好是粉丝也关注的，从而让双方有话可说，可以交流。

第二，设定话题与大众关注度高。分享话题一般都是开放式的，得到的回应也是各不相同的。设置大众关注度高的话题或者是当前的热门话题，能够吸引更多粉丝参与讨论。

第三，吸引粉丝关注。粉丝评论的同时，别忘了想办法让他去关注你，帮助你传播信息。

第七节
快乐不是目的，愉悦才是

如何让消费者在购买褚橙的过程中感受到愉悦？很重要的一点是，我在与哪些人一起消费褚橙。

现代的消费者追求的不是快乐，而是愉悦。

什么是快乐？什么是愉悦？快乐的重心在于个人，愉悦在于分享。愉悦来自人际交流，之前的人以"物"为焦点，而现在的人则以"人"为焦点，对于大家来说，重要的不是消费了什么，而是和什么人一起做了什么。

微信端小游戏"橙王争霸"上线后，玩家突破 5 万人，分享与转发在朋友圈掀起一股热潮。这个游戏的背后，就是"我与谁一起消费褚橙"。在游戏推出的那段时间，身边的好友纷纷转发，消费者心中会产生一种共鸣——原来我们都在消费褚橙。

2014 年 11 月，我们发起了"拍拍照、吃果果"的活动，第一季活动通过成都市区内 1000 部电梯里的视屏展开，第二季活动则在重庆通过《重庆商报》拉开帷幕。

在活动征集令中，我们这样写道：

第六章　褚橙是怎么卖的

各位成都／重庆的吃客朋友们，你们好。

经过一周的准备，我们终于可以在成都的1000部电梯、从今天开始连续3天的《重庆商报》里和你打招呼了。

从这个周末开始，你将在这1000部电梯里、《重庆商报》里看到我们的身影，听到我们的声音。

从这个周末开始，我们正式启动"拍拍照、吃果果"活动，请将你在电梯里、报纸上看到的"我们"拍成图片或者视频发给我们，我们用甜美的果实感谢你的参与。

"我们"是谁？"我们"是一段视频，"我们"是一段声音，"我们"是一幅图片，"我们"是"i有机"和"优果仓"，"我们"是褚橙，"我们"是云南高原苹果……

"拍拍照、吃果果"活动同样在川渝地区引起追逐热捧，活动本身对人们并无太大吸引力，但人们关注的是，我要告诉别人，我是褚橙的忠实关注者，同样还隐含的信息是，我与朋友都在消费褚橙。

日本社会学者三浦展在他的《第四消费时代》一书中写道："消费这一词汇中，不仅包含用光的意思，还包含完成、成就的意思，换句话说，就是除了为填饱肚子而购买食物吃掉的含义，不需要其他的任何手段，其本身就构成的一种无偿的愉悦也成为消费的一部分。"

褚橙方法1: 重新定义品牌

第八节

微商不只是卖产品

当身边的人都变成了微商，一起来卖褚橙，那是一种什么效应？

2014年褚橙上市期，微商正火，微信上涌现出众多个人小卖家，一度创下了许多销售神话。

我想，能不能调动这批粉丝的积极性呢？一方面他们已经积累了一定的个人粉丝，有较好的"群众基础"，另一方面他们有创业的激情。

利用微商，不单是为了卖水果，更多的是营造一种氛围——褚橙这个产品很火。

于是，结合褚老的励志故事，我们针对以微商为主的个人发出了"一战'橙'名"邀请。具体方式是在报纸和微信公众号上发布帖子，选拔粉丝销售水果，成绩好的能够月入万元。

以下是2014年10月22日发布于《成都商报》的一份招募帖：

"全民卖橙，一战'橙名'"活动，旨在面向全国选拔优秀的电子商务营销人才。你将通过卖橙展现你的销售技巧、能力和水平，尤其是你在电子商务方面的实战能力。一旦进入"三星"及以上卖家行列，你就有资格参与《成都商报》买够网电商人才选拔，也有机会获得月薪上万元的高薪工作。

同时，我们设定了公平透明的游戏规则：

每个星级对应的褚橙销售数量为：

一星卖家：30～49件。

二星卖家：50～99件。

三星卖家：100～299件。

四星卖家：300～499件。

五星卖家：500～999件。

皇冠卖家：1000件及以上。

一星、二星、三星、四星、五星、皇冠卖家享受的优惠，分别是比每件褚橙进货价少2元、5元、8元、12元、15元、20元。一星、二星卖家只享受进货价格优惠，三星及以上卖家才有资格进入《成都商报》买够网电商人才选拔程序。

选拔程序：

预赛：即日起至11月5日，报名者开始预售褚橙。

初赛：三星及以上卖家11月5日起可根据自身的预售情况，提交褚橙销售商业计划书。

评分：买够网将邀请淘宝大学讲师、资深电商专家点评商业计划书并打分。

入围：我们将选拔15人入围，进入面试环节，最终将有1～3名电商人才获得高薪职位。

第一篇信息发布之后，当天就有50人报名挑战，各路人才大显身手，瞬时掀起了一股销售褚橙的热潮。就这样，采取线上呼吁报名、线下参与活动的方式，不仅让我们认识了很多具有销售才能的粉丝，而且借助他们的聪明才智，褚橙的名气和销量都有了不小的提升。

褚橙方法1: 重新定义品牌

褚橙究竟是如何卖火的？北京本来生活网的做法主要是通过互联网引流，而我们在成都则更多的是通过地推和一些好玩的互动活动进行分享。以上写的这些案例只是我们做的其中一些活动模块和尝试。要卖好一个产品，的确是一个综合的过程，我们需要对消费者和产品有更多的深入了解。

第七章
褚橙怎么做用户体验

CHAPTER 7

第七章　褚橙怎么做用户体验

第一节
极致体验就是惊呼

能不能让消费者在拿到产品的那一刻，发出惊呼的声音？我们在开始做褚橙的推广和销售前，非常希望能回答这个问题，但是要做到极致的用户体验，的确不容易，尤其是对于水果产品。

这个要求源自 2008 年我在北京时去海底捞的几次体验。那时，海底捞还没有在全国范围内形成极致服务的口碑营销，但实际上已经让人们私下互相推荐了。

2008 年冬天，我第一次随朋友去吃海底捞火锅，一进门，服务生深深鞠上一躬，向顾客问好，每个人面带笑容，话语轻盈。

我们还没落座，服务生已经帮忙拉开椅子，送上围裙。同行的朋友中有一位戴眼镜，还有一位女士是长发，等我们坐定之后，服务生立刻从身上掏出擦镜布和绑头发用的皮筋。海底捞的菜品设置也相对人性化，当时北京的火锅店还少有销售半份的菜品，而海底捞可以点半份。第二次去的时候，由于没有预定，等位很久，海底捞利用顾客等位期间，再次充分发挥了服务的极致：女士可以美甲，男士享受免费擦皮鞋；小吃、瓜子、各类棋牌应有尽有。

在海底捞的体验让我印象深刻，尽管后来也遇到了服务更好、条件

更优的商家,但海底捞那里每个人脸上都洋溢着笑容,每个人都在传递一种温暖,这种体验让人忘记了是在消费,而像是共处。

2012年和2013年销售褚橙,我们在用户体验上用功不足,更多从传播、营销方式上下功夫。到了2014年,互联网产品掀起一波体验热潮,让我们意识到,农业电商如果不重视体验,会被消费者摒弃。

农产品与科技产品不同,不能提供更多玩法,互联网销售又不会给用户提供体验的场所。那么,体验究竟如何去做?我们打算倾听消费者的声音。

第一,搜集问题。

我们在淘宝上搜索了大量对于水果的评价,重点搜集中评和差评,发现问题集中在几个方面:

水果品质:没有想象的好吃,不新鲜,品质不统一,有伤疤,存在烂果。

物流:发货太慢,快递没有送到手中,送货时间过长。

包装:盒子有损坏,材料不环保,颜色不好看。

享用:东西太多吃不完,果皮不好剥,容易脏手,吃起来不方便。

第二,改进。

结合褚橙的特性,针对上述意见,我们先对褚橙的包装做出了改进,褚橙平常都是一件10斤装,我们专门为4口之家和2人家庭推出了6斤的分装、6个褚橙的品尝装。褚橙的品质在水果中是较好的,颜色朴实自然,果皮薄软,果实甜而不腻,水分充足。在发货时,我们再次将褚橙分拣,一律剔掉差果。

尽管褚橙皮软,容易剥开,但我们还是特别定制了剥橙器,让客户吃橙更方便,包装盒里还配有纸巾,尽量让客户的体验更好。

第三，试验。

改进了之后，我们没有急于大规模推出，而是先在小范围内试行，在这个过程中，又发现了很多问题，再不断去完善改进。比如，我们推出了"坏一个也上门换"的措施，这个很受欢迎，橙子卖到后期，真有个别已经坏了，可能是之前有碰伤或者刺伤。每次发货前，我们要求仓库出库员开箱验货，把坏的立即更换成好的，但是也有漏网之鱼。

2014年，有一位四川大学的老师给我们的客服打电话，投诉有坏果。这事让我们印象深刻。考虑到效率性，我们首先和她商量给她网上退款，她说喜欢吃这个橙子，款不退，要换橙子。我们负责更换的客服后来告诉我，四川大学面积很大，她专门去给这位老师换橙子，在大学里面找了40分钟才找到，而且是深夜，这位老师拿到橙子以后很满意。

"让消费者发出惊呼的声音。"我们不断朝着这个目标，一步一步地走近，在2014年我们服务的几万个家庭中，很多家庭已经对我们的服务产生了依赖，我们成了他们全年的"水果管家"。

在褚橙营销中，我们还进行了深度营销的重要尝试——撰写发布《褚时健传奇》书册。

深度营销有两层含义，一是将自己深度介绍给顾客，二是也要深入了解顾客。深度营销的目标对象是固定顾客，或者说已经对品牌有一定认知的顾客。因为他们在有一定了解的基础上，潜意识希望接收到更深层次的品牌信息，想要知道更多别人不知道的事情。

有时候商家需要一些保鲜期长的内容，创造更大的营销价值和延长生存周期。书籍、报告、手册也许要花费更长的制作时间，但可以满足客户对深度内容的需求。与其让用户去搜索信息，不如主动讲给他们听。

 褚橙方法1：重新定义品牌

另外，制作一些有深度的书面内容能显示你在行业的专业形象，使你的工作事半功倍。具体来说，深度内容营销有五大优势：

第一，满足客户需求。

第二，塑造专业地位。

第三，营销传播工具。

第四，可以多用途使用。

第五，保质期长。

2014 年，"i 有机"在成都、重庆拥有了 3 万用户。他们中的很多人不仅喜欢褚橙的口感，还被褚老的精神感动。大量关于褚老和褚橙的新闻报道，让大家认识了褚老这个不言败的创业者。

然而，报道虽多，却没有形成体系，内容过于零散。而我们对褚老有更深的了解，具备了必要的写作基础。既有素材，又有人才，我们决定撰写一本关于褚时健、褚橙的书册。

1 个月时间，一本小小的关于褚老的作品出炉了。这本书内容丰富而且紧凑，包括褚时健大事记、褚橙产品介绍、王石与褚时健对话、褚时健如是说、大佬眼中的褚时健、媒体眼中的褚时健六大板块内容，并且提供视频、文字的移动阅读。

《褚时健传奇》共 53 页，配以精美的图片。之所以做这样一本小书，首先是为了配合"i 有机"的褚橙销售，将其作为一种增值服务。我们印制了几万册，几乎每个购买褚橙的消费者都能获赠一本。

其次，考虑到在快速消费品时代，20 分钟看完一本小书，并受到一些启迪，就能满足消费者的期待了。

书册的作用还不止于此，它的用途非常广泛。比如，一本书可以改成 20 篇博客文章、50 篇微博精选短文、研讨会的基础信息、一份视频，

等等。当然，除了图书，拍摄纪录片、发布行业调研白皮书、电子书等，也是深度内容营销可以选择的方式。

第二节
谁说农产品不需要"内测"

一般互联网新产品上线，都会线上邀请内部人员和少数用户聚到线下，进行内测使用，用来反馈使用过程中出现的问题，继而发现产品漏洞，改善产品功能服务。

很多人认为，内测是科技产品的事，农产品除了试吃，跟内测挂不上钩。但我们发现，内测的方法对于农产品同样适用。通过线上呼吁、线下内测的方式，能够加强消费者的产品参与度，我们也得到很多意想不到的收获。

第一，满足消费者尝鲜的心理。以水果为例，不是每棵树都能结出同样的果儿，影响水果品质的因素众多，每年的口感都会略有不同，去年吃到的橙子，今年会不会更好吃？以前没吃过的杧果，味道如何？一个农学博士种出的桃子，有什么不同？与科技产品一样，人们对农产品的新品种、新成果充满憧憬，但是大多数人不愿意冒险付费满足这种好奇心，他们宁愿保守选择常吃的水果品种。所以，这时候就需要拉他们进行内测，解决他们对付费的犹豫。

第二，反馈产品问题。水果属于生鲜，生鲜在互联网销售过程中比其他任何一样产品都会面临更多问题，橙子的味道是否需要再甜一点？

杧果成熟到什么程度发货最好？猕猴桃和水蜜桃的包装、配送采取一样的方式会有什么后果？这些都是生鲜配送环节必须考虑和试验的问题。要知道，新时代的消费者最注重的是消费体验，任何一个环节出错，都会丧失一大批买家。

第三，提供口碑营销的传播点。一旦消费者对产品品质和用户体验满意，他们就会迅速向周边人群传播，这种口碑效应大于所有营销方式。

因此，是内测也好，是倾听用户声音也罢，小范围试验的作用很大，背后的核心就是从用户角度出发，而不是按照商家的思维设定产品。

1. 对亲戚朋友"下手"

如果你想知道自己的产品是否受消费者欢迎，那么最好的试金石是先让亲戚朋友来感受一下产品和服务，接着看他们会不会把产品推荐给别人，把别人也吸引过来。如果真能做到这一点，那就说明他们并不仅是出于好意而买了你的产品。

2014年，我们推出一款新的水果品类，第一波，我们写了一份"内测邀请函"，在微信上发给了60位有这方面喜好的亲戚朋友，并做了推荐。事实证明，邀请亲戚朋友的成功率非常高，当时就有56个人答应了我们的邀约。

亲戚朋友给我们带来3方面的帮助，一是他们从消费者的角度提出了很多意见，比如包装、价格、运输等，根据他们所提出的问题，我们做了很多优化与改进；二是他们从亲密关系的心态出发，给了我们很多中肯的意见和鼓励；三是他们中有些人认为这款产品品质不错，不断推荐给别人，由此产生了很多消费和良好的口碑。这让我们深信，这款产品至少在选择上没有偏差。

让人感动的是，很多亲友在免费试吃之后，为了帮我们节约营销成本，自己回家在网上偷偷订购了褚橙。我的一个朋友就说，"我本来对橙子没多大兴趣，但吃了褚橙之后再也不想吃其他橙子了。而且吃完一箱又买一箱。"后来每到褚橙季，亲戚朋友是最踊跃订购的人群，而且总是让我们多留几箱。我们的海报广告语"爸比，别忘了给妈咪留一橙"也是受此启发想出来的。

2. 谁是圈子的中心人物

朋友圈就像连接的各个网络，每个网络都有各自的中心人物，也可叫作另一种意义的意见领袖，他们或多或少地影响着网络中人们的消费行为。比如，一位资深妈妈团团长的喜好、消费会对围绕在她身边的妈妈们形成很强的影响，一个海淘高手所推荐的海外品牌和产品能在她所在的网络中掀起风潮。

找到圈子的中心人物，让他们加入进来，才会形成一传十、十传百的效应。无论是褚橙，还是前面提到的水果新品，我们都邀请过"朋友圈考察团"来进行体验，这些人有在水果行业从业很多年的买手，也有资深美食达人，还有"妈妈团团长"、社区生活群群主等。

他们在朋友圈转发了褚橙的消息后，会引发另一部分人群的关注、评论和转发，邀约更多的朋友参与到褚橙销售中来。

褚橙方法1：重新定义品牌

🍊 3. 找到"最挑剔"的客户

在任何产品的营销过程中，千万不要忽略消费者的体验感，一次不愉快的消费体验，会流失一大批客户。食品最好的传播途径就是口碑传播，反之，对食品杀伤力最大的也是口碑。客户一旦不满意，就会将这种不满传递给身边的朋友。

找到"最挑剔"的客户，让他们参与到产品的设计和体验中来，能把这种负面影响降到最低。这种主动让客户挑剔的办法，更多的是因为他们对产品有着更多追求。

我们在"i有机"网、我爱有机微信粉丝里选取了几十位这类人群，收集上来的反馈意见详细到：包装盒有灰，偶尔掉渣渣，标签字体太小，不容易辨识；物流箱子薄，容易压扁；橙子摆放散乱……意见收集上来之后，我们一条一条改正，尽量在服务上做最大的优化。

另外，在投诉、意见处理上，尽量以客户为中心。一般原因导致的不满，我们都会采取现金补偿和补寄褚橙的办法，比如，偶尔由于物流问题，客户收货时间没算准，外出导致无法收货，由于褚橙属于生鲜产品，错过收货时间会导致水果腐烂。对于这类生鲜产品的普遍问题，我们一定做好售前解答，售后随时提供补偿问题。

虎嗅网一篇专栏文章曾分析，"未来的农产品电商一定要培养忠实的吃货粉丝群，这是粉丝经济发展的商业价值，拴住一个人就可能拴住一家人，更有可能拴住一群人。农产品、生鲜电商，一旦给顾客建立了良好的购物体验，将会迎来持续的消费力，而且会影响身边的群体"。

第三节
让消费者见证果子的成长

营销者在线上公开信息，消费者在线下接收信息，这并不是什么新鲜事。但我们让消费者在线上看到褚橙在线下的生长过程，尤其在褚橙庄园开业之后，线上的宣传消息吸引了众多的褚橙粉丝前去参观，这也就打通了线上营销和线下体验的路径。

在传统农业领域，消费者与产品种植是隔离开的，购买行为单指买与卖的完成。这种粗放经营的模式大大降低了用户的参与度，忽视了农产品成长收获过程的多元经济价值。

在新的消费时代，消费者不仅关注产品本身，更关注其成长过程。让消费者参与到产品生长过程中，已成为农产品营销的趋势。此前人们购买水果，只关心水果甜不甜、好吃不好吃以及价格因素，但在信息社会，人们更关注的是该水果的产地、生长特性、生长环境、种植人情况等综合信息。

我经常开玩笑说，由于互联网的存在，人们购买一个鸡蛋，除了要知道鸡蛋好吃，还得知道下这个蛋的母鸡的名字。换言之，我们不但要让人们知道褚橙作为一个橙子具备的水果特性，还要将褚橙的生长过程公之于众，让人们知道，这颗褚橙生长在哪片山上，哪个区域，它在什么时候开花，什么时候结果，它喝的是什么水，用的是什么肥，它从孕育到发芽经历了哪些变化，从成果到餐桌又途经哪些流程。

褚橙的销售大约从每年的10月底开始，延续到春节期间，只有短短几个月时间，但我们从春季就开始公布褚橙的动态。我们在用户群、

褚橙方法1：重新定义品牌

微博、客服往来中分享褚橙的生长过程，力争做到阳光化。这一过程甚至包括了品种的选择、培育种养、生长成熟、分拣加工、运输配送。在整个过程中存在许多不确定性，比如，生长成熟一方面受天灾的影响，另一方面极易受到虫祸危害，而在分拣加工环节，人工操作不当将会直接影响果实存放，任何一个环节的变化都会影响产品的品质。因此，我们将褚橙生长过程全公开，向消费者保证和说明其经济价值与品牌价值，真正凸显褚橙的天然生态特性。

受到线上褚橙基地绿水青山的吸引，很多粉丝纷纷前往褚橙基地参观，去感受褚橙基地的蓝天绿水白云，去汲取果树生长的力量。如此一来，褚橙从线上到线下的活动得到了更充分的落实。

不管采用什么方法，都要拉近与消费者的距离，吸引他们参与到产品成长的过程中来。

在卖褚橙之前，我们做过多年的水果销售，发现消费者有很多可以不购买产品的理由：从来没听说过这个产品，不买；店员强行推销的产品，不买；店员兜售产品过程中，让人不愉快，不买；有瑕疵的产品，不会再买；购买后，无人关注，没有售后服务的产品，不会再买……

仔细分析这些理由，我们发现，如果你不把顾客当作上帝，他们是不会买账的。

那么，需要像传统买卖行为中对着顾客吆喝吗？"快来买我们的橙子吧！快来关注我吧！"其实不然，这只是传统的销售思维。小米公司联合创始人黎万强曾说，传统方法下用户和产品之间，就是赤裸裸的金钱关系，当消费行为发生后，企业和用户之间的关系也就基本断了，甚至有的企业还会希望用户购买了产品之后，最好再也不和企业发生任何联系了，因为这可能意味着售后、投诉、纠纷、成本、公关危机……

在做褚橙乃至其他农产品时，我们需要秉承初心，真正把消费者当作"上帝"。把顾客当"上帝"，并不是要企业唯顾客是从，跪求其购买，而是要站在用户的角度去思考问题，从用户的利益出发，让用户能信任自己的产品。

第四节
定制出个性和好玩

定制不是搞特殊，而是为了个性和好玩。

一捧土、两片树叶、一个剥橙器、一本《褚时健传奇》，打开"i有机"的褚橙定制装，你会感受到来自哀牢山的问候。

每年的褚橙成熟季节，我们都会远赴哀牢山，漫山遍野的采摘大军构成了别样风景。为了让消费者感受哀牢山的褚橙，我们也就有了带回哀牢山的一捧土、园子里的两片树叶的想法。

2014年，褚橙季开始后，众多知名艺人和网上名人开始陆续晒出他们收到的褚橙订制包装。这就是本来生活网推出的褚橙私人定制活动的内容之一。

褚橙的私人订制一经推出便受到广泛关注，"写下独一无二的口号：让褚橙为你代言"。

本来生活网负责人说："我们推出私人订制褚橙季的活动，就是要打破生鲜食品电商传统的消费模式，让大家把消费也变成一件好玩的事儿，把网购生鲜当成可以充分彰显个性的渠道！"

褚橙方法1：重新定义品牌

与此前不同的是，这一年褚橙的私人定制面向广大受众，只要1次购买20箱以上褚橙，即可获得褚橙私人订制机会，可以在箱子上写上你的创意标语。

在北京打拼的小孙是地道的草根一族，网购已经成了他和女朋友生活中不可缺少的一部分。"看到本来生活网开始做私人订制褚橙的活动，每天就限量那么几个名额，没想到还真被我抢到了！这不，正好儿用在婚宴上了！"小孙兴奋地指了指身后那60箱印着"孙猴子和白骨精，永远在一起"的褚橙，兴奋地对笔者说道："我姓孙，我媳妇儿姓白，所以我特地向本来生活网订制了这批褚橙，代表着我们俩甜甜蜜蜜，永不分开！"

"定制专属于你的水果。" 2014年，我们推出了这项服务，用户足不出户，只需拨打客服专线或登录网站，新鲜有机食材即可由专业人员为你配送到家。为了做足客户体验，我们还开通了私人营养顾问和私人营养定制服务，客户致电提出需求，由我们的营养顾问沟通，为其定制服务方案，成为会员或体验过后，我们将水果为其配送到家，最后进行服务回访。

后来，我们逐步将定制服务范围扩大，除了水果，我们还推出有机花园定制和管理服务，帮助用户把自家阳台、天台、花园变成有机花园、菜园。自己种菜、养鸡、看日出日落，与朋友、家人分享。让用户在家也可以做有机农夫，只要有一米阳光，就可以马上开始有机生活。

随着农产品私人定制服务的盛行，我们也借势推出了社区支持农业（CSA），这是基于"发展生态农业、支持健康消费、促进城乡互助"的理念，我们联合消费者（会员）建立生态农场，消费者可以在联合农场租地自己种，也可以认购农场里的劳动份额、配送份额，还有你想到的一切可以参与的耕种、收获与分享。

第五节
由你做主的线下体验会

在联动线上线下活动方面，我们采取了一些传统的办法并加以创新，增强顾客的参与感，比如，开展下午茶活动。

作为四川唯一获得授权的褚橙销售商，我们把"i有机"的提货地点定在成都二环内的一所院子里，这里环境幽雅、绿植甚多，而且场地够大。

在基础条件允许的情况下，我们每周都有一场下午茶活动，为了让消费者在放松的气氛下参与，我们没有刻意去为了做活动而做活动。活动形式非常简单，在小院里摆上茶台，倒一杯清茶，品几颗水果，与来到这里的新老朋友共享下午茶。

起初，我们的每期下午茶活动会设定一个话题，邀请一位嘉宾，进行一些体验交流，比如，邀请营养医师，分享橙子的功效与作用；邀请营养保健专家，专门针对特定群体去讲解，如孕妇能不能吃褚橙；邀请烘焙技师，教大家用褚橙做果糖、蛋糕……

下午茶活动因趣味、随意陆陆续续吸引了不少消费者，大家都知道小院里每周的固定时间会有些好玩的事情发生，我们对人数也不做要求和限制，更不会刻意去追求参与度。大家在松散、有趣的氛围下可以畅所欲言。

褚橙方法1：重新定义品牌

到后来，下午茶活动的形式越来越自由，我们干脆让消费者自己来主办，内容自己设定，我们提供场地。那时，UGC（用户自己生产内容）还并不为人所熟悉，我们也没有认真分析这种模式，只是觉得来参加活动的人是为了好玩、放松，所以想到了提供场地和拉动氛围，其他则由消费者自己做主。这让活动议题更宽泛，有些人喜欢谈水果的各种做法，有些人愿意分享生活上的故事，也有些人要在这个地方举办品尝会。总之，大家通过褚橙走到一起，更像是在分享一种生活方式。

在小院中，我们还建立了图书馆、体验室、茶园，通过卖褚橙，我们成为健康生活方式的倡导者，呼吁慢生活，活在当下，建立了一个开放式的线下平台，"你的图书馆""你的厨房""你的茶室"都只是提供场地，但实现了消费者的连接。

2014年，随着社群概念的兴起，我们建立了很多个微信群、QQ群。不受线下活动场地和时间的限制。在社群中，我们每周都在固定时段针对生活方式设定一个议题，大家也可以根据兴趣主动要求讨论哪类议题。就这样，社群里的人数越来越多，线下体验和线上交流也成了我们提升用户参与感的很好阵地。

将消费者看作上帝，同时又将大家看作朋友，这两点迎合了当下的社交趋势。我们更像是扮演着主人家的角色，将热爱生活、积极向上的人们聚集在一起。

通过这些形式，我们的互动得以实现，有些忠实的用户经常参与到对产品的设计中，他们将自己的消费者角色转变为了参与者身份。

褚橙的吉祥物设计就有很多消费者的参与。有一次，我对团队成员说："我们最好弄个吉祥物出来。"大家回应，干脆到群里面去征集吉祥物设计方案，听听大家的意见，也当作是一场有意思的征集活动。

吉祥物设计方案征集一提出，群里的成员立刻讨论起来。有人说，最好让人一看就能认出是褚橙；也有人说，可不可以是橘子被咬一口？接着又有人说，橘子到底是一片还是一颗？吉祥物要不要长个尾巴？做个海宝？果宝？……

关于吉祥物的讨论越来越发散，天马行空的想法随之而来。后来我们干脆在公众平台上发起了吉祥物的竞猜活动，"关于我们的吉祥物卡通形象，尚在讨论中，各位吃客、朋友、亲们，可以给我们一些创意吗？陈姑娘的作品、李想的图片，还是秦先生的照片，有什么共同点，欢迎你来竞猜，猜对就送你吃水果。请把答案或创意通过微信告诉我们吧。"

这种无偿的愉悦体现在褚橙消费者购买后持之以恒地与我们建立起的联系中。在原本对农产品的弱关系中，拥有共同的生活方式、生活态度、向褚橙学习的人生精神，这就将我们和消费者牢牢地连接在一起，形成了强关系。这其中，我们不断的对话、联系，实现了人人都来参与的目的。

改进褚橙的用户体验，包括褚橙公司的包装改进，比如，验证二维码、橙子身上的喷码、在每箱褚橙里搭配剥橙器，以及本来生活网在全国率先推出定制版褚橙等。实际上，无论是过去还是未来，褚橙都在保持产品品质的前提下，不断去提升用户体验，包括渠道建设、营销、包装等各个环节的改进与改善。当然，我们也希望更多的农产品能够借鉴褚橙改进产品的经验。

消费者用订单投票的事实证明，用心改进用户体验，会给我们带来一些意想不到的收获。

第八章
褚橙的品牌传播

CHAPTER 8

第八章　褚橙的品牌传播

第一节
第一波热潮：传统媒体的力量

　　胡海卿与我都是在传统媒体工作多年的老媒体人，在我们看来，社交媒体改变了舆论场的一元化，但褚橙在第一波的品牌传播中，大众的目光是跟着传统媒体在走。2012年年底，在褚橙大规模推广前，海卿到成都和我们沟通，我们后来联动的路线真的很接近。所以，不管是在成都还是在北京、云南，褚橙的第一波热潮是在报纸上引爆的。

　　2012年11月中旬，我们和成都几家媒体联动，开始发布褚橙的消息，比如《哀牢山中种"褚橙"9年》《"烟王"褚时健70多岁出狱》《85岁又成亿万"橙王"》的报道，将褚橙风吹到了成都。

　　11月21日，《成都商报》刊登报道《"烟王"再起"褚橙"卖蓉城》；《成都日报》发布文章《"褚橙"来蓉了　今日通过电商网站正式进军成都　昔日"烟王"再创业　85岁首度"触电"》，引发了一轮强势传播，一石激起千层浪，将褚时健种橙的励志故事在成都迅速传播开来。

　　就在这一时段，全国媒体开始铺天盖地关注到褚老的报道，当然我们必须承认，第一波的信息传播是我们主动策划的，但是后来引起的关注和热度远远超过了我们的预期。

 褚橙方法1：重新定义品牌

《成都商报》：世上仅此一人，他是活着的传奇。

《第一财经日报》：买过褚橙的人，都十分认可橙子的价格和口感，以及褚橙背后，鲜为人知的故事。

《南方周末》：褚时健没有放弃作为一个人的价值体现，这代表的是中华民族不屈不挠的精神。

《华夏时报》：他跌宕起伏的一生，淋漓尽致地展现出中国企业家顽强拼搏的精神面貌，也成为"中国梦"的最好体现。

……

轰炸式的纸媒报道又引发了网络媒体的第二轮疯狂转发。在第一波新闻广泛的报道之后，我们迅速开始了褚橙的销售传播。随后，成都媒体发起的《"吃的是橙，品的是人生" 尝过褚橙都说好》《褚橙昨日受追捧 送橙优秀创业者》等接连报道将更多褚橙和褚时健的故事讲给读者听。北京、上海地区的媒体也持续跟进，引发了褚时健的榜样热潮，促成了褚橙触电第一季的销售热潮。

2012年，我们应该特别感谢《成都商报》的编辑记者，很多有影响力的报道是他们做的，甚至还派了记者从云南追到上海——当时褚老去上海治疗眼睛，间歇接受了记者的采访，然后谈了很多受关注的内容。

可以说，在这一年,《成都商报》点燃了成都消费褚橙的激情，迅速打开了褚橙在成都的销售和知名度。

之后，2013年、2014年的褚橙季,"i有机"与成都多家纸媒联动起来，集中火力进行轰炸式报道。另外，我们继续和《成都商报》旗下的买够网合作，将褚橙故事推向一个又一个高潮。其中,《玩橙王争霸,

免费吃褚橙》《去年错过，今年搞快，史上最励志橙子成都开卖》《褚橙全国热销，各地货源相继告急》《吃过褚橙，别的都是浮云》等针对成都市场的报道，获得了巨大的反响。

虽然外界普遍认为传统媒体影响力不如以往，但必须考虑的是，传统媒体仍然手握内容大权，而且权威性强、可信度高。因此，联动几家强大的传统媒体宣传造势，其影响力也是不容小觑的。

查询关于褚时健和褚橙的报道，绝大多数都是纸媒打头阵，包括《新京报》《经济观察报》《三联生活周刊》，等等。而且每一篇重点文章的篇幅都在半个版面左右，可见手笔之大。

因为这些好的内容在不同的载体上发布，所以褚橙从报纸、网站、电视、手机等逐渐形成了立体传播，进而引发粉丝购买。

第二节
最好的传播者是中度忠诚者

怎么让大众迅速知道褚老的故事？也就是，谁来传播褚橙？

著有《口碑营销》一书的日本知名市场营销学者中岛正之将消费者群体分为 3 个层次：重度忠诚者、中度忠诚者和轻度忠诚者。中度忠诚者是传播品牌的真正推手；重度忠诚者过于服从一个品牌，自己乐在其中，疏于分享；轻度忠诚者买完产品后，不会进一步关注品牌或者沉浸其中。

实际上，意见领袖是中度忠诚者中拥有最大影响力且最具表达能力

褚橙方法1：重新定义品牌

的人，他们是谈论和交流品牌最多的人群，而且拥有一定数量的听众。意见领袖的观点能够被听众们广为接受，他的消费行为能够引发其他人的模仿。随后，他们的听众又可能成为二级传播者，继续扩大效应。

我十分佩服胡海卿，他策划营销的能力实在让人佩服。在褚橙案例上，胡海卿将第一批舆论引爆后，找到了两个意见领袖群体。

一是企业家代表，包括王石、柳传志、冯仑等，这一代企业家深受褚时健精神影响，与褚老有惺惺相惜之情，而在他们背后又有着大批的崇拜者。

二是青年领袖，比如韩寒、蒋方舟、柯蓝、六六等，这一批意见领袖对年轻人的号召力强，是新时代新人物的风向标。

于是，就有了王石在微博上用巴顿将军的一句话诠释褚时健的精神："衡量一个人的成功标志，不是看他登到顶峰的高度，而是看他跌到低谷的反弹力。"而后这句话几乎众人皆知。徐小平、柳传志等具有舆论号召力的企业家，也纷纷为褚橙站台。

在西南地区推广褚橙，我们找到的传播者主要是各个圈子的中心人物。

一是能影响企业家的人。

二是各领域具有影响力的人。

三是创业者。

互联网给了每个人公平的环境和分享的舞台，随着社会化媒介的发展，每个人都可能拥有自己的粉丝，成为一个圈子里的意见领袖。因此，想找适合自己产品的中度忠诚者，可以从两方面下手：

第一，行业内的名人。

第二，用户中的意见领袖。

公众人物的影响力更大，范围更广，他们说一句话，就像是撒了一张大网，把消息传递给大众。但不是每个产品都能像褚橙那样，能够找到王石、柳传志这样的人物来说话。

仔细想一想，每一个行业都有一些举足轻重的人物，如果能得到他们的认可和推荐，也会产生名人效应。

让名人开口，始终是一件难事。那么可不可以采取草根的方法呢？既然意见领袖是产品的购买者，我们也可以把用户"圈"在一起，再从中找到意见领袖。

掀起一股粉丝热潮的小米手机，就擅长把粉丝们圈在一起，从中找到产品的意见领袖。小米公司首款核心产品米柚（MIUI系统，小米研发的基于安卓系统的手机操作系统）是小米最大的创新之一。小米公司成立"MIUI先锋小组"集中解决反馈的各类体验问题，通过各种机制筛选出有价值的建议，再把建议做到产品里。

米柚发布后的4年时间里，小米论坛就凭此拥有注册用户2000万，总发帖量超过两亿条，其中不乏一些深度的使用体验报告。而这些帖子的发布者几乎都是圈内的意见领袖、产品专家，甚至比小米公司内部的人对小米产品更加了解。在小米科技圈内，他们有着不可代替的话语权。

与小米公司一样，褚橙通过微博、百度贴吧、微信等渠道，开通官方平台吸引粉丝加入，从中筛选褚橙的意见领袖。值得一提的是，我们还通过粉丝品鉴会、粉丝交流会等落地活动，培养了一批喜欢褚橙、了解褚橙、乐于分享褚橙的意见领袖。

褚橙方法1： 重新定义品牌

第三节
卖什么，不吆喝什么

我们第一年卖褚橙，用户第一句谈论的都是褚老，第二句才是褚橙。所以，刚开始时，我们很明确，不谈橙子，先讲故事。

胡海卿对我说，在褚橙首次电商销售之前，没有人知道它的销量能有多少。唯一确定的是，我们讲述的是一个很棒的故事，其中有褚老人生的起伏，有褚橙的来龙去脉。这个故事打动了我们，我们要把它告诉给更多的人。

胡海卿当时认定了褚橙，他说他做过很多的高端人物访谈，喜欢去发现并且善于去挖掘事件或人物背后的故事。他相信一个产品背后，一定有特别不一样的内容。比如，为什么在这里种出来、为什么是这个人种出来的、产地有什么样的文化、产品外形有什么特点等细节方面，都有可能挖掘出产品的精髓。

其实，对我来说，也是一样的思路。我跟胡海卿都做了10多年的媒体人，当过记者，做过编辑，我们是一个新闻人，有着媒体人的思维。我们听到褚老的故事，都只有一个反应：这个故事一定能行！

因为，当时中国的创业者太需要一个励志偶像了。

搜索关于2012年的信息，可以清楚地看到有关"2012年电商寒冬"的各种消息。

2012年3月，唯品会在美国上市，但融资规模大幅降低。业界认为，不是电商企业放低身段IPO（首次公开募股），而是IPO根本看不

162

上当时的中国电商。

5月，腾讯定位于C2C（企业对消费者）属性的拍拍网和B2C（消费者对消费者）属性的QQ商城始终都不温不火。腾讯宣布分拆电商业务，甩掉电商包袱。

7月，阿里巴巴经历了重组七大事业群的震荡。

9月，凡客裁员收缩。

10月，当当网入驻天猫，被视为"放下面子抱大腿"。

11月，京东商城再融资4亿美元。然而，在得到资金支持的同时，京东商城的估值从原来的100亿美元降至72.5亿美元。

12月，F团和QQ团购整合进高朋网，这意味着F团和QQ团购将不复存在。

在创业氛围最浓厚的互联网界，笼罩着一层阴影。此时，人们的内心渴望一个励志偶像带动他们冲破阻碍。不仅是创业者，普通人何尝不需要榜样激励？而褚老的回归，立即成为众多创业者的精神指引。大家重新回顾褚老的人生故事，并且从他再次创业的韧劲中汲取前进的力量。

深受褚老触动的王石曾说："你想象一下，一个75岁的老人，戴一个大墨镜，穿着破圆领衫，兴致勃勃地跟我谈论橙子挂果是什么情景。虽然他境况不佳，但他作为企业家的胸怀呼之欲出。我当时就想，如果我遇到他那样的挫折，到了他那个年纪，我会想什么？我知道，我一定不会像他那样勇敢。"

王石的感悟，正是很多企业家、创业者和普通奋斗者的心声。所以，在创业大环境之下，褚时健的故事是必须要讲的，而且它一定会引

 褚橙方法1：重新定义品牌

发强烈关注和持续推崇。

总的来看，褚橙的故事以褚老为中心，分为两大类：褚老的人生故事和褚橙产品故事。不管讲哪个方面，都贯穿了一个主旨：励志。

营销者通过对褚老进行全方位的故事解读，塑造了一个悲情式英雄人物。一句"人生总有起落"，直击心底。这样的人物，古往今来都是备受关注和喜爱的。比如，人们对楚霸王项羽的喜爱就远超胜利者刘邦。这是因为，项羽不仅是打败秦帝国的英雄，更有霸王别姬的另类悲情。

在褚橙之前，从来没有哪一款冰糖橙，甚至是哪一种农产品，如此讲究极致。哪个种植者比对过果实的酸甜度？哪片果园每亩地只留80棵果树？谁会用10年去培育一片土壤？当消费者知道嘴里吃到的果子是经过千辛万苦种出来的时候，他们不仅觉得可口，更会倍感珍惜。

有人说："每一个褚橙里，都写满了褚时健的故事。"这句话一点不差。没有比鲜活的人生经历更能说服人的故事了。

14岁烤烟，35岁当糖厂副厂长，51岁成为玉溪卷烟厂厂长，18年时间，把玉溪卷烟厂打造成亚洲第一烟草企业，被称为"烟王"，风光无限；面临退休时，因无法忍受工资与企业产出的巨大落差，71岁时因罪被判无期徒刑，又痛失爱女；74岁保外就医后，与妻子承包荒山开始种橙，踏上了"橙王"之路。他的一生让人感叹，让人浮想联翩、荡气回肠。尤其是身处时代漩涡中的人，更能体会到人生无常，仍能逆势而上的精神。

褚老是一个有血有肉的人物。他艰苦拼搏的人生，注定了他的不平凡，造就了他的真实。他不完美的经历，更加凸显了他的真实。

有分析认为，褚橙的营销成功是不可复制的，其缘由就在于像褚老

这样的大佬前辈、精神人物，中国 30 年才有一个。褚老的个人魅力及其在商界大佬（柳传志、王石等）、知名媒体等中得到的充分而免费的"同情"与"支持"，并不具备普遍的借鉴意义。著名作家吴晓波就曾评价称："褚时健本身戏剧性太强，一直到今天，像他这样具有如此之高知名度的企业家也不多见。"

的确，每一个人都有自己真实的故事，但不是每个人的故事都是别人没有的。大家好奇那些自己从未遇到过的事情，佩服那些经历丰富的时代人物，喜欢听大起大落的故事。为了迎合大众的口味，吸引人，有的企业不惜胡编乱造一个创业故事，把自己的创业之路吹得天花乱坠。这样的做法，反而让人觉得浮夸不可信。

第四节
好故事要么走心，要么搞笑

对大多数人来说，讲故事并不陌生。但是真正能够留在人们心底的故事，却少之又少。关于品牌的故事就好比一部电影，只有触及感情深处才能让人永久记忆。比如，美国电影《阿甘正传》，男主角豁达乐观的美德打动了观众，引起了人们的情感共鸣，使其成为经久不衰的影片。

令人着迷、启发人思考的故事能够调动观众的情绪，激发受众的内心情感。我们再来看看褚橙的故事具备了哪些情感点？褚橙的故事能够充分调动受众的三大情感：奋斗精神、爱心和孤独感。

褚老历经坎坷，古稀之年创业，专注 10 年之久，这样的坚韧足以

褚橙方法1：**重新定义品牌**

使每个人的内心为之动容，产生向他学习的动力。在这样的心境下，会激发出人们内心的热情和对奋斗的渴望。正能量的情感，最能引起共鸣，让人产生好感。

爱心，是人类的一种高尚情感，人们往往会为爱心付出自己的所有。而一个能唤起受众爱心的故事，具有更广的传播意义。一个80岁的老人，还经常在烈日下检查果园，抓紧时间研究专业知识。虽然腿脚不方便，但他仍坚持下地劳作，只为了种出好吃、健康的橙子。当人们知道这些的时候，无不对褚老产生一种同情和怜悯心。

这种同情和怜悯的情绪不是可怜，而是一种心疼，一种爱。这样的情感，促使人们不由自主地为这个老年人的生活多付出一点。这时候，褚老的形象不是曾经的烟王，不是种橙子的农民，而是每个人家里的老父亲、老爷爷。人们舍不得让老人吃苦受累，唯一能做的就是支持褚老的冰糖橙事业。

如果说奋斗激情和爱的情感，因故事而产生，那么，孤独感就是人们本身具备的。每个人都有孤独感，因此当他们看到别人孤独时，心里会产生一种同命相依的感觉。不论是办糖厂，还是搞烟厂，抑或是种橙子，褚老都是一个孤独的坚守者。而他和老伴相濡以沫，在哀牢山上做农活，这样的情形，让其更显孤独。为此，人们会觉得，他们需要陪伴。同时，在通向极致的路上，大家真心愿意与他相随。

在这些情绪的引导下，当你看到成熟的褚橙时，自然就会觉得褚橙的味道与别的橙子不同。当然，引发情感共鸣的方式还有很多，喜、怒、忧、思、悲、恐，带有这些感情的故事都能与人们产生心灵上的碰撞和契合。

在褚橙营销中，本来生活网就充分运用了感性、理性、趣味的表达。胡海卿说，感性和趣味的内容适合推广初期。以褚橙为例，先向消费者传递褚橙的传承精神，破开他们的心理防线，让他们能从精神上、情感上认同褚橙，同时配以一些趣味性的营销语言和方式，加深其对产品的印象。而在感性、趣味内容打了头阵之后，就可以及时补给理性内容，其中包括产品种植过程介绍、产品口感介绍，等等，以实质性的产品内容去赢取受众的再次认同。

"比如说褚橙，如果先告诉你它的酸甜比是1∶24，你肯定不会有什么感觉，反而觉得我在故弄玄虚，故意吹捧。只有先让你知道它代表的意义之后，再说它具体的口感、外形、香味，才更有说服力。"胡海卿说。

趣味表达方式也有巧妙的办法，现在很多互联网热词都能为营销者所用，互联网语言最简单也最能凸显趣味性。"微橙给小主请安了""剥好皮，等我回家"这一系列的广告语，都是在广泛搜集网络热门词汇、热门话题、热门语句之后锤炼而成的。

第五节
杜绝高大上的说话方式

因为有褚老这个人物和产品的故事发挥铺垫作用，所以相关的广告语就更容易刺激受众，产生更激烈的情感碰撞。虽然我们很多时候不愿意承认我们在努力为褚橙做广告，甚至有些人认为褚橙不需要做广告，其实并非如此。不仅是我们，应该是所有推广和销售褚橙的

褚橙方法1：**重新定义品牌**

人，都认为褚橙需要继续花大力气推广和做广告。

在被广告挤占的商品时代，能否在第一时间抓住人们的眼球，攻占消费者的心，还得看你怎么用广告来俘获大众的心。

1. 与"你"有关

人们喜欢关注自我，这一点被敏锐的商家抓住了。商家们对着消费者大喊，别谈我们的产品了，让我们谈谈你吧！

知名护肤品牌欧莱雅不断播放着视频广告，不厌其烦地告诉女性，"你值得拥有！"一个"你"字，在唤起受众注意的同时，引发了更多联想，让人获得了一种自我肯定。于是，这句广告词被人牢牢记住了。

可能你还没有意识到，我们已经进入了"唯我时代"。对于商家来说，以"你"为中心的潮流则逐渐演变成了一股风暴。2006年，《时代周刊》甚至把关注度最高的"年度人物"荣誉送给了我们每个人，杂志社最终决定的人物就是"你"。更早之前，流行音乐歌手周杰伦说了一句"我的地盘，听我的"，将中国移动"动感地带"植入人心，并引发了一阵"唯我"高潮。

如今，我们总能看到"我的"这个、"我的"那个，似乎我们能和广告对话，甚至去揣测广告的深层含义。虽然一句广告语面向的是多个受众，但因为有"你"、有"我"，大家会觉得这是为每个人单独定制的。

我们可以看一看，类似"虽然你很努力，但你的成功主要靠天赋""我很好，你也保重""谢谢你，让我站着把钱赚了""即使你很有钱，我还是觉得你很帅""剥好皮，等我回家""其实，我也是蛮拼的""爸比，别忘了给妈咪留一橙""母后，记得留一颗给阿玛"……几乎每一句广告语都像是在和我们自己对话，让我们关注自己的同时，也感受到了被关注。

"你"，不仅是唯一的称呼，还符合了人们求异的心理。这些带着"你"字的广告，每次都让看的人或者听的人觉得："在大千世界、茫茫人海中，我是一个特别的个体。"

2. 与受众共鸣

什么样的广告语会让客户产生共鸣？我们不妨从幽默、可爱、人情味、简单、快乐、启迪6个维度来进行考察。一句好的广告语，没必要把6个特性都涵盖，只要有两三个特性就足够了。

褚橙的各个推广团队，包括本来生活网、褚橙公司和我们的"i有机"，几乎都在寻找能与受众共鸣的话题和传播内容，而且一直在坚持这么做。

人们对于快乐，几乎没有免疫能力。

"即使你很有钱，我还是觉得你很帅"，当你看到这样一句无厘头的广告语时，一定会忍俊不禁。就算你不知道它是什么，但你很可能会怀着好奇心去一探究竟。事实上，人们很愿意关注有趣的内容。当看到幽默的广告时，心里不但不会排斥，反而会觉得产品设计俏皮可爱，从而产生好感。

现代人的压力越来越大，因此能够在一小片刻看到有趣的、轻松诙谐的内容，他们就会获得心理上的满足。比如，新浪微博的"冷笑话精选""笑多了会怀孕"等，拥有粉丝达数百万甚至千万以上，而且每条

褚橙方法1：重新定义品牌

内容的转发次数也很高，因为大家都乐于分享快乐。

美国有线电视台播出的著名电视剧《广告狂人》中的广告人唐·德雷柏说："广告卖的就是快乐。"在美国戴维·兰德斯所著的《国富国穷》一书中就曾写道："在这个世界上，乐观主义者就是主宰者。"可见，快乐的情绪、乐观的精神，对于人们有多么重要。而在充满乐观色彩的豪言壮语里，人们总能被其中燃烧着的激情所振奋。

在快乐的同时，加上一点简单的风格，会更加惹人喜爱，而且容易让人记住。"微橙给小主请安""剥好皮，等我回家"等广告语，虽只有七八个字，但都简单易懂。在中国广告界，"大宝，天天见""农夫山泉有点甜""味道好极了"（雀巢）等经典广告语，无不是以简洁明了著称。

显然，文字简约是广告语的制胜法宝之一。为什么呢？对消费者来说，简单就是美丽吗？诚然，简单的事物给人一种清爽的感觉，没有多余的束缚，不矫揉造作。

但对于简约的喜爱也许与我们的性格相关，那就是追求快速，缺乏耐心。大家总想着对方能够直接阐明重点，不要浪费时间。而对于广告语来说，要求更胜一筹，既要简单还要够美。

在生活中，人们除了喜欢快乐的感受，还离不开感动的包围。具有人情味的广告，往往能唤醒人们内心的温柔，或者激发正义感，引起受众产生心理共鸣。

"其实，我也是蛮拼的""谢谢你，让我站着把钱赚了""橙诺，一个就好了"这3句广告语就饱含了人情味。读到的人会有一种被关怀、被体谅、很贴心的感受。这种将商品和消费者距离拉近的表达方式，不是低劣的套近乎，而是以切身的体会，以真情换真情。

人情味浓厚的广告语，传播速度更快，传播范围也更广。这类广告通过生活的点滴，滋润受众心田，从而打动人心，还能够让受众体会到设计者的良苦用心。

广告语的最高境界，莫过于能够给人以启迪。褚橙的主打广告语"人生总有起伏，精神终可传承"，就在无形之中让人对生命有所感悟。当人们读到这句话时，会自然地联想到褚老奋斗拼搏、永不放弃的品质，从而受到启迪，给自己注入一股强劲的精神力量。

第九章

褚橙为何能保持产品持久力

CHAPTER 9

第九章 褚橙为何能保持产品持久力

第一节
褚橙是一种精神

在互联网电商时代，很多产品在风口上飞了一阵之后，很快就销声匿迹了，难以被消费者想起，更别提挂念。为什么褚橙却已持续火爆了多年？很多人都想知道其中的奥秘，这也是我长期思考的问题之一。从褚橙火爆的现象出发，我更多地挖掘了深藏在每个果子背后的内涵，总结了褚橙具有强大产品持久力的三大原因：

第一，在食品安全问题岌岌可危的大环境下，在国家提出建设现代化农业的背景下，褚橙迎合了时代的发展趋势。

第二，21世纪是互联网爆炸式发展的时代，而褚橙在互联网的助力之下，达到了一个巅峰状态，它的持续火爆离不开互联网的作用。

第三，在消费社会，人们消费的不仅是物品的使用价值，更有其背后的符号意义。褚橙独特的符号意义，助力它有持久的生命力。

如果你不了解新消费时代消费者的观念转变，那么，你注定做不好产品。

有研究者将当下的时代称为"第四消费时代"，也有人称为"觉醒的消费时期"，不管如何定义，新一代的主流消费者有着以往消费者所没有的消费信仰：

褚橙方法1：重新定义品牌

第一，不会盲从听信他人，有独立的思考能力。

第二，抵触简单粗暴式的洗脑营销，甚至做出相反的行为。

第三，不仅关注产品的功能、特性，还要求产品背后有着浓烈的文化属性，更追求与产品达到一种精神共鸣和情感归属。

其中，最后一点是最关键的，这在褚橙中得到体现。我们始终秉承着一个理念：我们售卖的不是冷冰冰的物品，而是带有情感和文化属性的产品。消费者对褚橙思想的肯定和尊崇，成就了褚橙的消费信仰。在精神上与消费者达到契合后，再增加互动参与性，让生产者与消费者通过褚橙的文化属性建立起亲密关系。

褚橙是一种文化现象，是一种励志精神的象征。而褚老不仅是一个企业家，更是一个思想领袖。他一生大起大落，触底反弹，一直向前，对人们的精神意志有着激励作用。由此，褚橙不再是一般的商品，而是一种文化信仰，拥有高层次的文化内涵。

如果我们只谈褚橙的种植技术、管理方式，而闭口不谈它背后的人文思想，那么这样的褚橙是不完整的。当营销者把褚橙带到人们餐桌的那一刻起，就同时把褚橙代表的思想传递给了消费者。

一个简单的水果，思想何在？每年褚橙采摘季，哀牢山上都会迎来大批褚老的粉丝，这其中有年轻的企业家、失意的职场员工、崇拜褚老的经销商。2015年，一位水果经销商对我说，奔赴一天到哀牢山，排了一天的队伍，为的就是"抢"到一批褚橙，这不仅是因为褚橙热销，更是为了感受褚老的精神思想。

褚老代表着一种全新的精神，一种不败的精神，一种顽强的希望和不灭的向心力与生命力。当褚老的精神意志投影到褚橙之上时，褚橙就意味着绝地反击，意味着永不放弃，当一种生命形态终结的时候，还可

第九章　褚橙为何能保持产品持久力

以选择另一种生命形态重新崛起。

资深媒体人迟宇宙在《东方早报》的专栏文章中称：褚时健代表了一种强大的精神力量，他使"褚橙"成为一种精神，类似于海明威《老人与海》中圣地亚哥的精神：

人不是为失败而生的，一个人可以被毁灭，但不能被打败。

你必须保持头脑清醒。保持头脑清醒，要像男子汉，懂得怎样忍受痛苦。

每一回都是重新开始，他这样做的时候，从来不去想过去。

当王石、柳传志他们，当喻华峰他们，当一个个普通人重新审视和认知当年那个"犯罪分子"的时候，人们意识到，"褚橙"不只是一种冰糖橙的名字，而是一种精神。它意味着纯净的内心世界、强大的精神力量，也意味着人们在面对昏暗与残酷的时候，在不断跌倒甚至一无所有的时候，依旧可以充满希望地活下去。

褚老坚韧的毅力赋予在一颗小小的橙子上，人们需要褚橙这样强大的思想力量，去面对不确定的未来。褚老精心培育的褚橙具备了人生味道，它虽然无法言语，却能在悄无声息之中告诉人们，要有自己的人生目标，并永远向前，即使落到低谷，也应该不抛弃不放弃，继续为明天而战。从这个意义上讲，"褚橙"所折射出的具有励志精神思想的附加值，比"褚橙"所创造的经济价值更宝贵。

褚橙方法1：重新定义品牌

第二节

褚橙不是"物品"，而是可供消费的社会符号

褚橙的思想、信仰，应该用什么来表现？答案只有两个字：符号。

关于符号消费的研究，历来吸引了众多学者。符号消费，是指消费者在选择消费商品的过程中，所追求的并非商品的物理意义上的使用价值，而是商品所包含的附加含义，能够为消费者提供声望，表现其个性、特征、社会地位以及权利等带有一定象征性的概念和意义。

在学者们的研究中，法国哲学家、社会学家让·鲍德里亚的《消费社会》一书备受推崇。该书对符号消费进行了阐释和批判。鲍德里亚在书中写道："在消费社会，'物品'不再具有本来的意义，而只是一种可供消费的社会符号。"

"人们从来不消费物品本身（使用价值）——人们总是把物品（从广义的角度）用来当作能够突出你的符号，或让你加入视为理想的团体，或参考一个地位更高的团体来摆脱本团体。"

以褚橙消费为例，按照鲍德里亚的批判思维，消费者购买褚橙不是为了吃（使用价值），而是为了标榜购买者的新潮、与众不同，甚至是一种企业家、创业者身份的象征（广义角度）等。那么，消费褚橙的人，是不是纯粹为了追求个性或者是标榜自己的社会地位呢？

我们研究认为，褚橙的确顺应了消费时代的发展规律，具有符号消费的属性。褚橙的励志和褚时健的人生精神已经作为一种思想意识存在，在某种程度上讲，消费者购买褚橙，可以是为了追求精神领袖，或者出自一种崇拜心理。

当然，社会上不乏有人为了证明自己的社会地位而去购买奢侈的商品。但褚橙的符号并不是鲍德里亚所指的浮夸个性，更不是虚无的高端社会身份。对于褚橙符号，我们有更多的思考。人们所理解的褚橙符号，有着更积极、美好的意义。

于是，在研究褚橙符号消费时，我们找到了更适合的理论支撑。

美国著名经济学家丹·艾瑞里在其畅销书《怪诞行为学》中指出，我们买的东西通常不仅是物品，还有那个物品所承载的一种理念，无论是健康、幸福、开悟，还是社会责任。

而营销学大师所罗门则在其《消费者行为学》一书中阐述了符号学的定义。从符号学的观点来看，每个产品信息都包含了3个基本要素：目标客体、标志或象征以及诠释。目标客体就是产品，标志是代表产品意义延伸的感性形象，诠释即引申的含义。

很多案例可以用以解释3者的关联，比如，万宝路香烟是目标客体，标志是万宝路的牛仔形象，诠释为粗犷的个人主义在身的美国人。在营销理论中，目标客体、标志、诠释3者应当尽可能地统一关联，这样才能加强产品或者品牌所要表达的差异化形象。

那么，一看到褚橙，你会联想到什么？当褚橙作为客体时，标志是什么？诠释又是什么？我把这3个问题抛给了团队里的每个成员，让他们各自回答，最后讨论分析。

对于标志，大家的意见基本相同，褚橙最好的形象标志就是褚时健。我们在形象宣传上几乎都用了褚老戴着一顶帽子的形象，这不是一代烟王褚时健，也不是企业家褚时健，他是新农人褚时健，是匠人，是潜心数年种出好橙子的褚时健。

在诠释上，大家一致认为，起初，本来生活网给褚橙创造了一个符

褚橙方法1：重新定义品牌

号：励志。充分将褚老传奇人生的个人经历、性格，融入这个概念之中，让褚橙的味道里，不仅有甜味，还有心血、品质，以及励志、创业、老骥伏枥、自强不息的精神。在这种符号意义下，褚橙成了消费者消费的一种高级驱动力。

由此，消费者在认识褚橙时，诠释的心理路径是这样的：褚时健故事＝励志＝褚橙。

但有人提出不同看法，认为励志符号不是人们持续消费褚橙的原因，事实也证明了这一点：2012年，我们的消费者口耳相传的都是褚时健的励志故事，2013年，大家对这种故事的传播力明显下降。因此，励志、企业家精神、自由、新潮等虽然能够作为一种符号，但并不具备长久的引申意义。

于是，我们进行了更深层次的符号论证。

经过论证后，我们挖掘出了褚橙励志符号背后的第二层符号——信任。在这个时代，企业贩卖的不是商品，是信任关系。褚橙从励志符号出发，在后来的发展进程中又产生了新的符号——信任。当消费者想到褚橙时，会觉得这是一种让人放心买、安心吃的水果。因此，当消费者购买褚橙时，其实是在消费对它的信任。

在对褚橙的符号进行定义时，为了巩固信任，我们让其成为一种可延续的符号。我们有意识地让褚橙回归农产品本性，强调褚橙的生态意义。这是因为，在新消费时代，人们重回大地的渴望极其强烈，且这种渴望具有强大的持续力。

"人们崇尚自然饮食养生法，渴望天然、生态的产品。"品牌营销大师马丁·林斯特龙在《品牌洗脑》一书中写道："从2008年经济下滑到现在，许多人不再崇拜金钱和物质，转而把热情献给了一种新的节俭，变得更加朴素，似乎在这样一个日益超高速连接且总是'在线'的世界，我们对连自己也并不了解的简单生活的渴望达到了前所未有的高度，这种返璞归真的情绪无处不在。"

有两个例子可以用以佐证这种生态的力量。

2014年8月，迪庆州政府举办"2014香格里拉松茸季"，3天销量突破400万元。

在符号定义中，香格里拉松茸打出了世外桃源的招牌。当消费者看到香格里拉巍峨的群山、晶莹的雪岭、辽阔的草原、奔腾的江河、茂密的森林时，必定会产生一种脱离世俗的心境。

在世外桃源的符号影响下，消费者不难联想出，由于特殊的地理地貌和独特的气候条件，香格里拉地域中孕育了极为丰富的自然资源。而在这里生长的松茸，一定是极品。

还有一个例子是西藏冰川矿泉水，这款产品以西藏念青唐古拉山脉海拔5100米的原始冰川水源地为宣传点，符号定义为纯净自然，让人们愿意相信这片举世公认的"圣地"与"净土"上的水，必定是健康、好喝、高价值的。

所以我们认为，从亘古不变的生态观念出发，将褚橙信任符号引申到生态、健康意义上，不失为一个好的办法。于是褚橙产生了一条新的符号路径：健康生态＝褚橙＝信任。显然，这样的路径将健康生态与褚橙直接关联，而且引申到了更深层次的信任层面。

当我们把褚橙健康生态的符号传播开来被消费者接受之后，他们会把符号诠释为更多的含义，比如，他们会认为褚橙是一种可以长期消费的水果，或者说褚橙是安全、健康、好吃的，等等。

从这些年的市场反应来看，褚橙能在消费者心中打下烙印，本质上

是因为褚橙与消费者之间建立起了信任关系。褚橙值得信任,不是因为褚老的个人信誉,而是因为它健康生态,是认认真真种出的安全果实。

第三节
新农人不是反传统,而是创新

新的农业环境,催生了一批新的农业人。

2012年国务院发布的《全国现代农业发展规划》中提及,新型职业农民是有文化、懂技术、会经营、善管理的人。随着时间的推移,人们赋予新农人更多的含义。

第一种看法认为,新农人是指有资本的外行人跨界参与农业,最典型的代表是柳传志,这些"外行人"无农业基因,但有资本,有文化,对农业感兴趣,有热情。这一批人投身农业领域,为农业领域带去了大量产业资本和金融资本。有人评价称,农业从未如此被资本青睐过。

第二种看法认为,新农人是一群具有知识、眼光、技能、追求的人。他们中不乏留学回国、城市青年下乡或乡村进城求学然后回乡的高学历人士、经营工业或商业的成功者,还有进城务工、在外参军转业回乡的草根青年农民。

这群人从个体来看,虽然其出身、能力、阅历、经历、理念、追求都具有较大的差异,他们有学农业出身的,也有很多非农行业的,但是他们对农业这一古老产业的探索和突破,对传统个体农业经营方式的组织和融合,对传统乡村生活理念和态度的认可是相通的。

第三种看法认为，新农人是一群与互联网紧密相关的人，他们能够灵活运用互联网技术和方法，为传统的农产品打开互联网新世界。

第四种看法认为，新农人是一群具备新型农业技术知识和技能的人，他们能够用现代化农业设备管理、经营农业，是新型的农业专家，有着创新科研的能力。

从上述对新农人的介绍中可以观察到，其中每一点都有褚老的影子，他也的确被人们称为新农人的代表人物。而且我们还能从褚老身上，总结出一些新农人的特质，给予新农人新的定义。

1. 理念新

他们把农业从工业以快为准则的陷阱中解救出来，以生态农业为目标，秉着自然、安全、健康、返璞归真的思想从事农业事业。新农人不是完全反传统的，而是植根于传统农业，继承老农民的优秀经验，沿袭老农民淳朴、善良、勤奋的传统精神。

新农人摒弃了过去几十年只求产量的农业发展理念，旨在通过升级农业技术、管理方式等，在追求产品品质的同时保证稳定的产量，获取应有的利润。可以说，他们拥有高度的生态自觉性，是生态有机农业产业发展的先锋。

2. 技术新

空有一颗生态健康的农业心，是不够的。在新时代，不管是种植业还是畜牧养殖业，农业产品的打造需要运用新的技术和方法。有的时

褚橙方法1: 重新定义品牌

候，需要打破传统，运用更新的技术，去提升产量和质量，去扩大规模，助推农业获得更大的利润。既然选择了农业，那么就要懂得翻土、施肥、除虫等最前沿的知识。

褚老是烟草业标准化作业的创始人之一，他有丰富的种植业管控经验，也深知如何让农产品获得持续的品质并且持续改良，因此，就算他种梨子、种柚子也会出现"褚梨"和"褚柚"。

3. 渠道新

当农业遇上互联网时，新的渠道就打开了。以互联网技术为基础的电子商务平台为农产品销售打开一道低成本、高效率的便捷之门。新农人们利用电子商务平台，变被动销售为主动营销，促进了销量的提升。

传统的农户们，辛勤劳作后要把产品带到市场上去销售。现在互联网时代，大家伙坐在家中就能完成洽谈、交易、支付、物流等一系列经营活动，或者还可将销售交予互联网电商完成。这样一来，像褚老这样的技术型新农人，就能更专心地培育产品，形成术业有专攻的新状态，从而提高市场效益。越是现代化程度高的社会，其分工就越细。以往农民产销合一的方式，是时候有所转变了。

理念新、技术新、渠道新，这3点是褚老以及他的褚橙所代表的新农人的特点。当一波又一波新农人带着理想进入农业领域时，至少他们有了一个参照对象。

不过，不可否认的是，新农人在前进的道路上还会走很多弯路。

有农业创业者把资金花在包装、品牌、故事营销上，做着日进斗金、一夜暴富的美梦，却丢了做农业的根本，也丢了自己的品质，在创业中迷失了方向。

无论怎样，要想被认可，就要先把老本行做好。只有把自己的地种好，把猪养好，才能赢得更多的市场，得到更多的帮助。相比营销、渠道、品牌等，品质永远是农业最核心的竞争力。

值得强调的是，农业只有情怀和钱是远远不够的，要有专业的积累沉淀，然后才是创新。对于非标准化的行业，上来就创新，花样玩完之后就是烟火后的寂寥，是终将被戳破的泡沫，消散在空中，谁也不会记得你。

第四节

搭上社会化网络营销班车

在互联网的道路上，褚橙与社会化网络有着紧密联系。

国内众多互联网公司都推出了社会化网络服务，比如腾讯微信、新浪微博、豆瓣网等，都是国内网民熟知的社会化网络工具，人们的日常交流与这些工具息息相关。

2009年，新浪微博的推出，将社会化网络推向了一个高潮。一些知名公众人物纷纷在微博扎营，掀起了一波社会化网络的风潮。2011年，腾讯推出手机移动社交工具微信，并在1年多的时间内就积累了2亿用户，创造了又一个互联网社交神话。另外，截至2022年12月，新浪微博月活跃用户为5.86亿，平均日活跃用户为2.52亿。

于是，在社会化网络工具的强力作用下，社会化网络营销随之诞

褚橙方法1：重新定义品牌

生。顾名思义，社会化网络营销就是利用微博、微信等社会化媒介进行品牌、产品宣传。目前，常用的工具有微信、微博、博客、论坛等。

褚橙最初的营销正是得益于微博的火热。下面就以褚橙的微博营销为例，对社会化网络工具的运用进行分析。

2012年10月27日，《经济观察报》微博发布"褚橙进京"的消息，得到了近8000次转发，800多个评论。其中，王石也转发了该条微博，并以巴顿将军的语录评价了褚时健创业。随后，这条微博又得到了近4000次转发，1000多条评论。而后，韩寒发出的那条"送礼的时候不需要那么精准"的微博，更是获得了300多万人次阅读，4000多个转发评论。

2014年，褚橙季开始后，众多网络名人陆续晒出他们收到的褚橙订制包装。财经作家吴晓波在微信专属频道中晒出的订制包装，1小时左右就突破10000次浏览，而胡歌关于褚橙的微博在突破10000个评论之余，还获得了60000多个网友的赞。"褚橙"成了迅速传播的话题，短短时间内总共被点击数万次。

在微博里，褚橙如鱼得水。要分析其中的原因，就得先了解微博和病毒营销的关系。在社会化网络营销时代，最大的特点就是病毒营销。病毒营销是指通过用户的社会人际网络，使信息像病毒一样传播和扩散，利用快速复制的方式传向数以千计、数以百万计的受众。可以说，病毒营销离不开社会化网络土壤的培育。

第一，微博以话题信息传播著称，而病毒营销则需要一个吸引眼球的"病原体"，足以吸引人对消息进行最大程度的传播。也就是说，病原体在本质上与微博话题是一样的属性。

第二，微博传播具有一对多特性，它可以使信息在1秒内达到千万次的转发。在这1秒内，信息完成了传播和接收，堪称飞速。这一点恰好顺应了病毒营销快速发布和高效接收的要求。

第三，微博短小精练，而且发布方式简单，信息更新速度快，这就满足了病毒营销要快速更新的需求。

再看褚橙的微博营销，以励志、二次创业等为病原体的话题，通过微博短平快的平台得以传播。同时，意见领袖的作用更是得到了最大限度的发挥。清华大学新闻研究中心与新浪微博数据中心联合发布的《2014新农人微博研究报告》中提到，褚橙营销是新农人利用新媒体营销取得成功的经典案例。

上述报告同时指出，微博新型农业营销方式是将互联网思维融入传统农业展销方法中的有益开拓式举措，微博在农业营销上起着多方面的作用：

一是品牌传播：将农产品品牌用相对低成本的方式传播给受众。

二是客户定位与创意来源：微博中大量的创意亮点也成为农企可利用的销售手段。

三是沟通平台对改进农企的服务质量有着重要的意义。

四是强化宣传塑造农产品品牌。

的确，褚橙在初期就赶上了微博营销的列车，这也为之后褚橙持续使用社会化网络工具进行营销打下了基础。而从更广的角度来看，在产品的传播过程中，企业应当有意将多种社会化网络工具进行组合使用。总之，你用或者不用，这些工具都在那里。

值得一提的是，我们所说的使用社会化网络工具，不仅是要企业开通自己的各种社交平台账号，更是要企业学会利用其他平台来为自己宣传。至于如何选择和运用社会化网络工具，要注意把握以下两个方面的内容。

第一，敢于尝试新的营销方式，了解各种新媒体的功能和作用，找到新媒体的特性与企业特质的结合点，将其用之于企业营销，并探索其中的传播规律。主动去学习新的营销方法，好过被动地接受改变。

第二，带着合作共享的态度，与其同行业伙伴携手传播。在传统营销理念里，营销的目的就是把竞争对手打压下去，做到唯独我一人风光。在社会化网络营销时代，一家之力往往比不过众人的力量。以微博为例，加入同行间的话题讨论，发表自己独到的观点，是为自己添彩的好办法。

社会化网络营销虽然很热门，让很多企业都跃跃欲试，但并不是所有企业都适合社会化网络营销。总的来说，大众化产品更适合社会化网络营销，尤其是衣食住行和有关日常生活的产品。

如今，越来越多的企业在寻找适合自身特点的社会化网络营销之路，却感觉效果并不如想象中的好。原因有多种。一是企业特质与新媒体缺乏契合点。比如，如果企业是以技术创新为主导的，那么就难以通过社会化媒体扩大公司的影响力。二是企业急于求成的心理，也会影响营销效果。虽然新媒体时代讲求快速，但心急吃不了热豆腐，如果盲目使用新媒体，想当然地推销产品，效果可能会适得其反。

所以，社会化网络营销也需要有计划、有步骤、有目的地进行。不要羡慕别人的社会化网络营销做得火爆，你不知道的是，他们在背后付出了很多努力。如果你期望1天就要有上万个粉丝，7天就要让销量翻番，那么社会化网络营销并不适合你。

第五节
褚橙思维 VS 互联网思维

褚橙虽是一种传统的水果产品，但深入探究褚橙多年来保持产品持久力的原因，就不得不说到互联网思维与褚橙思维的契合。

互联网创造了很多神话，拥有强大的聚合力和爆发力。但这仅是我们看到的浮于表面的现象，真正藏在其后的是其互联网思维。

互联网思维不是一开始就有的，而是在互联网发展到一定阶段后，被人们提炼解读形成的。什么是互联网思维？各人有各人的解读，有人说是平等、自由、体验、互动、颠覆，也有人说是年轻、无畏、奋斗、创新、开放……在人们心中，互联网思维成了开启这个时代成功的密码。

在我看来，小米公司创始人雷军和腾讯公司创始人马化腾对于互联网思维的解释，最能说明其核心所在。雷军认为，互联网思维的核心精髓是"专注、极致、口碑、快"，这被人们称作"七字真言"。马化腾在腾讯15周年"WE[①]大会"上发表的讲话所蕴藏的互联网核心思维是，标签思维、简约思维、产品思维、痛点思维，等等。

经过研究后，我们发现，褚橙营销与"专注、极致、口碑、快"的互联网精髓相吻合，并在营销过程中注重运用痛点思维、No.1思维、产品思维、标签思维、粉丝思维、共享思维、简约思维、整合思维。

[①] Way to Evolve，意为"进化之路"。——编者注

褚橙方法1:  重新定义品牌

1. 专注——痛点思维

在一个产品的发展过程中,任何环节都离不开专注。只有专注,才能专业,才会变得无可替代。在褚橙的种植过程中,褚老将大部分精力放在了口感上。为了种出酸甜度理想、口感一致的橙子,他付出了太多。

有很多人疑惑:我也很想专注,但是我不知道专注的方向在哪里?这个问题,褚橙的回答是,用户痛点在哪,专注点就在哪。痛点,就是大多数人反复表述过的一个有待解决的产品问题或者大家很想实现的一个愿望。简单来说,就是用户在使用产品时的不满、抱怨,让人感到万分痛苦的地方或者用户希望产品实现的某种美好愿望。

比如,上班族没时间买菜,市场上就出现了专门跑腿买菜的服务;消费者想要在家里吃火锅,就出现了送火锅上门的服务;消费者吃橙子的时候觉得削皮很麻烦,于是出现了可以用手剥皮的褚橙……

研究证明,通常人们花钱的目的有两种:一是为了对抗痛苦或者止痛;二是为了享受快乐。如果你的产品没有什么人买,那是因为消费者痛得不够深,或者你没能为他们创造足够的快乐。

产品设计者们很快就会发现,人们痛苦的程度能够影响一个产品的受欢迎程度。毕竟,很痛和不那么痛是有区别的。打车软件为什么火?因为人们深受打不到车的痛苦折磨,所以打车软件这一产品一出来就有人追捧。

当然,在日常生活中,不那么痛的情况要多一点。比如,用户已经习惯于某种已有的方式,没有感觉到有多痛,这时候就需要你提供一种新的方式来优化他们的体验。可以说,在你的产品问世之后,消费者才

感觉到了痛。

褚橙,就是让消费者从不那么痛到很痛的典型产品。在褚橙之前,人们已经习惯于一会儿吃甜的橙子,一会儿吃酸的橙子,几乎都没有想过有一天能够吃到酸甜比为 1∶24 且口感一致的橙子。于是,消费者在吃了褚橙之后再吃其他橙子时,就会觉得痛了。

总之,好的产品能唤起用户的痛点,给用户更好的选择,让他们对产品上瘾。这个过程看似很残忍,却是竞争的必经之路。

2. 极致——No.1 思维、产品思维

如今,极致思维已经获得了广泛认可,人们深知这个时代需要极致。可有几个人知道,极致是怎么一回事呢?简单来说,极致就意味着第一,是一种无人超越的境界。

对于互联网企业来说,每天有无数的新产品推出,你的产品不做第一,很快就无法立足。这种争夺 No.1 的危机意识,一直深藏在褚时健的骨子里。制最好的糖、产全世界最好的烟、种最好吃的橙子,褚时健的脑子里装满了这样的想法,凡事求一个"最"字。

有人说,市场那么大,我只分一杯羹就足够了。这种安逸的想法,不但很容易会被强者吃掉,更可能连一口汤都喝不到。俗话说,不想当将军的士兵不是好士兵。在互联网时代,排名第一的产品和排名第二的产品的市场占比有着绝对的差别。

于是,很多企业为了争第一,走上了一条烧钱的不归路。他们为用户提供各种免费的产品和超值服务,想以此绑定用户,创造最大的流量效益。可我们仔细想想,有哪个第一名是光靠烧钱烧出来的?比如,阿

褚橙方法1：重新定义品牌

里巴巴旗下的易信项目，前后花费了巨大的人力物力，又是内部强制使用，又是对外大肆宣传。但结果呢？微信仍然遥遥领先。

为什么？不仅是因为微信抢占了先机，更是因为人们在微信上有更好的体验。所以，只顾着争第一名是没用的，做好产品才是王道。试想，褚橙若不是产品好，又怎么会多年稳占第一的宝座？

另外，我们需要注意的是，在通往第一宝座的路上，互联网企业总是在不断尝试、不断完善，他们的产品更新速度求一个快字。但一些传统行业的情况就不一样了，尤其是农业，受客观条件限制，尝试和完善农产品需要更长的周期。比如，在一片果地进行了实验，其效果要在收成时才能看到，而且其中的细节要素太多。像这样周期长、见效慢的行业，想要得第一，就更加考验创业者的勇气和耐心。

3. 口碑——标签思维、粉丝思维、共享思维

口碑来自用户，是用户对企业、产品的评价。为什么互联网企业那么看重口碑宣传？这是因为口碑具备可信度高的特点。

在一般情况下，口碑传播都发生在亲人、朋友、同事等熟悉亲密的交际圈内。在口碑传播之前，传播群体之间已经建立起了较为稳定的信任体系。相较于纯粹的广告、推销，口碑传播的可信度要高得多。

褚橙营销被外界评为"最经典的口碑营销案例""年轻化口碑营销典范"，可见其口碑营销的成功。总结褚橙营销经验，我们可以得出结论，口碑不会从天而降，想要获得口碑，应当考虑标签思维、粉丝思维、分享思维。

一个产品如果没有标签，也就丧失了竞争力。标签是比品牌名字、

标志更高级别的营销要素。当企业向用户展示自己的标签之后，用户对标签的理解和接受程度就会形成企业的口碑。

比如，我们给褚橙贴上口感一致的标签，消费者可能解读为甜、果酸味好、不剥皮、无籽等；而贴上励志的标签，消费者则可能解读为奋斗、拼搏、勇敢、耐心等。前者是标签，后者就是口碑。

在实际操作中，我们要关注的是，如何实现标签与口碑的重合，让用户与我们心灵相通。首先，企业给出的标签要足够精准，足够代表自己的产品。代表性不足，容易失去个性，被同类产品混淆。其次，标签要在真实的产品基础上提炼，如果产品没有那么好，标签再美，也不会有长久的用户。最后，标签不宜太多。如果标签太多太杂，企业的形象反而会变得模糊不清。最好的办法是，给出一定数量的标签，让消费者去自由联想发挥。

互联网世界，得粉丝者，得天下。人们常说，互联网是一个共享的时代。那么，共享又该如何理解？共享的第一步就是把粉丝当朋友、当战友，互相交流沟通。企业不仅要和粉丝对话，更要学会倾听，尊重粉丝、重视粉丝，真诚对待粉丝。如今，企业藏着掖着发展的历史已经过去，企业同行之间也应当形成信息共享机制，进行更多的交流，正视竞争、各司其长，促进行业综合水平提高。

4. 快——简约思维、整合思维

互联网的发展速度之快，是被世人见证的。层出不穷的新产品，快得让人应接不暇。从某种程度上说，互联网的快是由其行业特质决定的。那么，对于像农业这样发展周期相对较长的行业来说，是否也需要

褚橙方法1：重新定义品牌

快呢？

答案是肯定的。当然，我们不能拔苗助长。在农业领域，精耕细作是不变的态度，但在农业产品的营销上，我们仍然讲求一个快字。怎样才能快起来？这就要讲到两种互联网思维，即简约思维和整合思维。

近几年，简约美越来越深入人心。谁能运用简约的魅力表达不简单的产品，谁就是营销的赢家。不管是卖农产品，还是推广互联网游戏，都要遵循简约制胜的法则。

简约与简单不同，简单是指过度单纯、极易复制，而简约却是独一无二，无法超越和模仿的。因此，我们可以看到，褚橙的包装纸盒是简约风格，褚橙的营销语是简约风格，褚橙重点使用的网络营销工具微博，也是走的简约风。

当然，只有简约是不够的。要想产品营销效果更好，还得发挥整合思维的作用。如果说企业或产品是一个"1"，那么整合资源就决定了后面有多少个"0"。以最小的投入，收获最大的利益，这就是整合的魅力。

整合，不仅是资源整合，还可以是企业架构整合、不同企业之间的合作、营销活动中的互相推广……物质资源、精神资源、人脉资源、有形资源、无形资源，等等，只要是能为企业或产品所用的资源，就要让其得到合理的配置，就值得我们去挖掘。

整合资源要求我们在清楚自身优势的同时，也要了解其他优势资源，整合长处，扬长避短。具体以褚橙为例，在营销推广时，褚橙就将传统媒体和新媒体整合运用，获得了 1+1>2 的效果。而在褚橙种植过程中，又何尝不是整合了水分、土壤、阳光甚至是空气资源，才种出了口感一致的橙子？

第十章

褚橙，你学得会

CHAPTER 10

第十章 褚橙,你学得会

第一节
专注于一件事

90%的创业公司都会失败,这是投资界的一句至理名言。在这种思维的影响下,很多初创公司的远大目标不得不在现实面前"落地",它们期待发生的一个不错的结局是——能活下去,并卖个好价钱。

即便是这样,他们也难逃关门的命运。这其中究竟出了什么问题?

人们经常总结出诸如"创业公司的100种死法"这些死亡案例,包括方向、战略、团队、资金等各个方面的问题,为初创公司提供一种可循的路径,以减少失败的发生。但这依然阻挡不住大批的初创公司走向末路,这又是什么问题?

在我早期作为天使投资人参与的几个项目中,不乏这样的案例,直到从2012年开始将褚橙带入西南地区,在与褚橙团队亲密接触的3年中,我才明白这其中的要害所在。

2002年,75岁的褚老和老伴儿来到新平县戛洒镇承包了2400亩的荒山,这是褚老年青时曾经工作过十几年的地方。褚老从老家华宁县带来果苗,在荒山上种起了橙子,并注册了"新平金泰果品有限公司"。这一种就是十多年。

2012年,褚橙进京,同期进入西南地区,走近大众,褚时健精神

在人们之间相传,褚橙大火,成为中国农产品行业的传奇。

与其说这是从"一代烟王"到"一代橙王"的故事,不如说这是一个75岁的创业者的经历,是让所有创业者为之振奋的案例。而褚橙之所以成功,在于褚时健身上具备一种创业企业的不死基因,即专注。

专注,是一种思想,是境界和原则,是企业的不死之道。

现代心理学之父威廉·詹姆斯对专注力的定义为:"在几个并行的潜在目标或思想碎片之中,意识突然提取了其中一种,使其呈现出清晰鲜明的形象。"专注力是人类不可或缺的心理能力之一,能够指引我们应对内心世界、人际关系以及生活带来的种种挑战。

放眼全球,长寿企业在日本得到高度集中。在《多到惊人的日本"百年企业"》一文中提及,在日本创业超过1000年历史的企业有7家,超过500年历史的企业有39家。这些企业为何异乎寻常地"超长寿"?

当我们试图解开背后的秘密时会发现,不管世界如何动荡、时代如何更迭,清楚自身的定位和方向,专注地坚守本业是企业长寿的必要条件。专注,也许会失去某些潜在机会,但同样可能会规避某些不确定风险,专注的反面是浮躁,而唯宁静方能致远。

现在再来看本章开篇提出的问题,一开始就带着强烈"卖出去"意愿的创业公司丧失了发展的终极真理,在境界上就差了一截。而不断总结学习成功经验的创业公司,仅仅掌握了做事的途径、方法,还停留在术的层面。这样的公司都难以经过时间的考验。

而正如日本诸多长寿企业一样,褚橙的成功,在于专注的力量,这是褚时健的创业基因,是其生存之道。从褚橙的实践可以看到,专注发挥了巨大的作用。

第十章　褚橙，你学得会

专注使褚时健把种橙这件事做绝、做透、做到了极致。

专注让褚时健十多年始终保持一种极大的热情。

专注让褚橙实现了一种创新，形成"垄断"。

专注让褚橙具备了持续的生命力。

了解了专注的重要性之后，我们需要厘清的是，对于企业来说，如何才能成为常青树？对一个初创企业而言，如何才能将3分钟热情的心修炼成始终如一的专注？通过分析褚橙案例，我们可以概括出专注的4个要旨。

1. 少即多

褚时健年轻时造酒、制糖、产烟、种橙，每次只做一件事，做一样成一样，做什么都成了标杆。

褚橙的成功，在于褚时健十年如一日专注于种橙。他做一件事情就琢磨一件事情，把其中的每一个关键点找到，然后做到极致。从2002年开始，褚时健把果园的土地深翻，2003年开始种橙，到2015年已经有13个年头。

在这些日子里，他时常守在果园中，身体健康时每个月至少走上3次。每次天不亮出门，在山路上颠簸四五个小时，到果园查看果苗，与作业长、技术人员、农户交流树的生长、土壤的保护等问题。我们可以用日复一日年复一年来形容他的专注付出，但我们也看到了他并不是在碌碌无为地耕作，而是收获了日积月累的成长。用他自己的话说就是："我只负责把橙子种好，其他的不做，也没精力做。"

无独有偶，苹果公司创始人乔布斯也是个做事专注的人。1997年，

乔布斯重返苹果，当时公司产品非常多，有计算机、计算机衍生品、12种不同型号的麦金塔电脑，公司正在垂死挣扎。乔布斯采取的第一个措施就是将复杂的事情变得简单，他重新掌管的苹果公司后来只集中生产4款产品：各有两种型号的台式电脑和笔记本电脑，分别面向消费者和专业人士两种市场。乔布斯认识到"决定不做什么和决定做什么同样重要"，分心无法让他集中专注力。

雷军在谈互联网的专注时曾说，专注的核心就是少，尽量少干事情。这也是专注的第一个要旨，将复杂简单化，做少不做多。对于众多创业公司来说，最大的外部挑战在于诱惑太多，让人们无法专注于一件事情，甚至盲目拉开战线，以至于核心产品毫无竞争力可言。

🍊 2. 极致思维

小米公司对产品极致的定义是"极致就是把自己逼疯"，而褚橙的极致是把所有人"逼疯"。

褚时健承包果园时，有 3000 棵老果树，直到现在，这些老树还在。而其他很多果园，七八年的果树就衰了，一些广东、广西的同行问褚时健：为什么你的老树还挂果？果树到底几年被淘汰？褚时健回答说，他的果树的寿命能到 30 年。

最开始，褚橙口感不好，技术人员一致得出结论，这个品种的橙子就是这样，20 年的树龄结出的果子味道的确不好。可褚时健不信邪，他不断试验和改造，最终达到果品的一致性和绝佳口感。

在玉溪家中、在哀牢山果园中，他天天都在钻研施肥、剪枝透光等产品细节问题。在培植褚橙的过程中，他花了几年时间，把橙子种植过程中所有相关的环节研究透彻，然后根据主次要矛盾的关系逐一解决。

极致的果树寿命、极致的橙子口感，这是褚橙才有的极致，也是褚时健追求极致品质的结果。任何公司的产品，如果将极致品质的思维发挥到如褚橙一般，终会被市场接受。

王石将用匠人精神来形容褚时健。在他看来，匠人就是用专业精神专注地将事情做到极致的人，"褚时健早年酿酒，同样的原料他比别人出酒量多；后来做烟草，就追求做最高品质的卷烟；现在种橙子，只研究怎么种出最好吃的橙子。他一直追求把专业的事情做到极致。有这种精神，做什么都会成！"这是王石当时对褚时健的解读。

到 2013 年，褚橙已经成为人们心目中最好吃的甜橙，在接受媒体采访时，褚时健依然称："我们这两年争取让橙子的甜度提高 1%，酸度提高 0.1%～0.2%，这样果子的口感特色更明显。果园每年都在出现新问题，每年都在改进。"

这种极致思维让人再次联想起乔布斯，难怪有人说褚时健是农业界的乔布斯，乔布斯是科技领域的褚时健。乔布斯的朋友曾这样评价他：他只要对一样东西感兴趣，就会把这种兴趣发挥到非理性的极致状态。在人们过去不知道自己真正需要的电子产品时，乔布斯用力求完美的性格和极致的追求品质的思维，生产出包括 iPod 在内的一系列具有开创性的惊艳产品，直到那时，人们才发现自己是多么地需要它。

因此，要做一个极致的企业，无论是农业公司，还是互联网企业，专注产品，稳扎稳打，才能将企业做到极致。极致代表着对产品品质的不懈追求，无数次试错，长时间苦难，以及被外界的不断否定，这其中困难重重，足以打倒任何一个巨人。但无论有多艰难，只要专心将产品品质发挥到极致，结果就会像褚橙一样，最终成为行业之最。

3. 保持热情而持久的生命力

褚橙的确是一个与褚时健精神相契合的产品，所以才能够保持热情而持久的生命力。褚时健是一个对事业充满热情的人，但与众不同的是，他的热情不是突然迸发，而是源源不断地散发出来，长久地维持着旺盛状态。

在 2002 年以前，褚时健从未种过橙子。承包土地第 2 年，果树因营养不足，橙子挂果很不理想，2400 亩地只结了 14 吨橙子。而后，储存期过短、自然灾害来袭，果园始终波折不断。

这段时间，褚时健时常待在山上，反复琢磨问题，查找资料，请教专家，不断试验。那时他也很恼火、发愁，晚上睡不着觉。一直到种橙第 7 年，果品品质才达到他的要求，且橙子逐步被市场接受。再到 2012 年，褚橙才真正被人们重新认识，而当时褚老已经 85 岁了。

老人家十年磨一剑，始终对种橙保持着极大的热情。如果不是有一颗专注的心令他坚定不移地前进，他的热情也许早在低产量那一年就被浇灭了，在旱灾的时候就被打消了，在口感不达标的时候就被淹没了。幸好，他没有放弃。

与褚老接触久了，会极大地受他的热情感染，感受到他那种专注做实业的企业家精神。不论是褚老家人，还是与他成为"半合伙人"的农民，都传承着"褚大爹"的精神。可以说，他是当之无愧的精神领袖。

2012 年，我首次到云南褚橙果园，让人稍感意外的是，每一个农民身上都有着强烈的褚老精神印记。他们最常说的话就是："一个 80 多岁的老人都能那样干，我们有什么不能的？"有位农户曾这样说："我们非常佩服他，刚来的时候他是 70 多岁，我们农村里这个年纪根本不会做什么，不像他一样。就像他跟我们开会时说的，人生 60 岁才起步，70 岁才是人生经验最足的时候。他都有那么大的干劲，我们也要跟着学习。"

保持专注的热情，说起来容易，做起来却很难。不管是企业家、创业者，还是普通人，都会遇到同样的问题——难以保持对新鲜事物的热情。所以，普通人放弃了最初热爱的兴趣和梦想，创业者找不回创业初期那种极端亢奋的状态，企业家丢失了自己最初的赤子之心。

一位投资人说过，创业前 5 个月劲头最足，怕就怕在 5 个月到 5 年这段时间里，没有持续保持住这个状态。很多人挺不过 5 年，但一般挺过 5 年的企业，都能出头。那个时候，你才会明白，更大的考验还在后头。

4. 要创新，不要复制

试想，如果褚时健种橙 10 多年，一直遵循着农产品的现有种植方法、农户管理办法、产品传统销售方式、品牌塑造观念，那么，褚橙恐怕不可能达到惊人的一致口感，农民不会以褚橙精神去种橙，褚橙也不会形成自己强有力的品牌效应。

没有创新，就没有褚橙的今天。10 年时间，褚橙从一大堆外观差不多、颜色差不多、口味差不多的冰糖橙里走出来，把自己的创新标准展现出来，艳惊四座。

褚橙的创新表现在以下 3 个方面：

（1）解决了果品的一致性和标准化

在褚橙之前，人们已经对水果及农产品的品质不可控习以为常，今

褚橙方法1：重新定义品牌

天购买的橙子在明天不一定会买到，一棵树上结的果子，口感也可能会千差万别，一个口袋里装的橙子味道也不尽相同。但褚时健种出了一致口感的褚橙，甜度、水分、硬度都达到了惊人的一致性，这无疑成了褚橙的最大创新之处。

（2）改变了传统的农户合作方式

传统农产品种植，最难解决的问题之一就是让工人（农民）按照标准化去种植。尽管规定在标准的时间按照标准的做法去操作，但到了操作层面，几乎没有任何一家农场能保证原样执行。

让人羡慕而又疑惑的是，褚橙果园的农户们做到了。褚时健用了什么办法让所有果农按要求执行？唯有管理创新。褚橙基地有果农240户，按每户2人计算，共有480人。在褚橙果园，果农不是个体种植者，也不是员工，而被称作"合伙人"，这是一种"半合伙人制"。

褚时健将果园划分片区，实行免费承包制，平时还要发放补贴，统一培训。每年收成的时候，按照果品质量进行最终结算。我国有很多与农户合作的企业，但能像褚时健一样打理好彼此关系的，能有几个？能把农户当作合伙人的，还有谁？

（3）打造了农产品从未有过的品牌

褚橙打破了农产品缺乏强品牌的瓶颈。褚橙具备一流的品质，被赋予了极致、认真的做事方式，褚时健起起伏伏的人生传奇以及他绝地反击的力量等多重意义。褚橙不仅是一种供人们食用的水果，更代表着一种生活方式和人生态度。

褚橙改变了农产品行业售卖原材料、没有品牌、没有包装、没有分级的现状，它以极具优势的内在品质做支撑，实现了农产品品牌化后的高附加值。

此前，在中国农产品行业，从未出现过一种类似的强势品牌。国内消费者信任和了解的品牌皆为国外所有，以美国新奇士橙为例，它利用全球辐射与本土策略所结合的品牌营销，为一个橘子提供了广泛的品牌空间，如今已经成为全世界知名度高、认可度极高的品牌。

鲜为人知的是，新奇士品牌背后有着强大的新奇士种植协会，助力其品牌建设。其实，新奇士种植协会本身，就显示了利用区域公用品牌模式创建农产品品牌的战略决策的价值。

褚橙的出现意味着，我国的农产品也正在向品牌化方向发展，并且有取得长足进步的潜质和实力。

与褚时健团队亲密接触以来，我领悟到了专注的真谛。专注，给褚橙注入了极致、热情、创新、垄断，还有持久的生命力；专注，让褚橙成了当之无愧的冰糖橙第一；专注，让褚老做什么成什么，势头不容抵挡。专注，这个看似简单的词语，蕴藏着无穷大的力量。

第二节

做一个"创造性垄断者"

在这个竞争日趋激烈的时代，我们要讲到一个新概念——"创造性垄断者"，这是我们从褚橙的发展中得出的结论。

何为创造性垄断者？在旧式静态观念里，垄断者就是一家独大，有

褚橙方法1: 重新定义品牌

绝对的话语权。如果谁垄断了市场，就意味着谁就有绝对的定价权，消费者没有其他选择，只能从你那里购买。

然而，在商品经济日益发达的社会，想要达到登顶天下唯我独尊的境界，几乎是不可能的。幸好，世界是动态的，我们还可以创新。富有创新意识的垄断者创造出新鲜的事物，给消费者更好的选择。这样的垄断，不仅对外界社会和同行没有坏影响，反而会促进经济更大的发展。

褚橙是一个怎样的创造性垄断者？它开创了一个中高端冰糖橙领域。它是集高品质、高科技、高附加值、高市场竞争力、高价格、高收益于一身的冰糖橙。那么，它是如何做到的？

我们再次以褚橙剪枝为例。据了解，在冰糖橙种植领域，尚且没有像褚橙基地一样的剪枝办法。褚时健在谈到褚橙种植时，经常说，"这是褚橙的标准"。从这句话，就能看出老爷子对技术的自信。也正因为这样讲究的种植技术，才让褚橙品质能够独树一帜，避开竞争。

借助于技术和品牌方面的"褚橙标准"，褚橙在冰糖橙市场赚取了"垄断"利润。通过对褚橙、苹果公司、谷歌公司等代表性创造性垄断者的研究分析，我们总结认为，打造出创造性垄断产品主要依靠4个方面：专利技术、知识、特殊资源和品牌优势。

1. 专利技术

独家专有技术必须在提供有价值的产品或服务时，能够制造一个可持续但不可复制的成本优势。现在申请一个产品专利不是难事，但一般来说，专利技术在某些方面必须比它相近的产品好上10倍才能拥有真正的垄断优势。对于只有一点点改进的产品，消费者只会认为这是微不

足道的，不愿意去尝试购买。

对技术精益求精是早已有之的理念，但真正用心钻研的不多。褚老做到了，褚橙基地的果农们做到了，所以褚橙得到了消费者的肯定。在一个行业，要做出 10 倍以上的改进，最直接的办法就是创造全新的事物来垄断市场，或者改进一些已经存在的事物，把已有的事物质量提升 10 倍，这样你也可以垄断市场。显然，褚时健选择了后者。

农业领域还有其他一些类似冰糖橙的市场，都可能出现创造性垄断者。我们想一想，在褚橙出现之前，谁会在意一颗橙子有多好呢？所以如果你有更好的苹果、梨子、香蕉，产品品质好过市场同类产品 10 倍以上，那就具备了垄断的基本实力。

当然，打造超过原有产品 10 倍品质的产品不是件容易的事。你用什么方法、什么创新成果去垄断所处的市场，这需要一定的切入点。通常情况下，切入点不止一个，毕竟想要一招取胜的风险系数太高。如果褚橙只是比一般的冰糖橙长得好看，但味道没什么变化，这样的创新力度明显不够，也就没有登上垄断者宝座的实力。

因此，你不妨试试从产品的多个角度加以创新，整合比之前超 10 倍的垄断力量。

2. 知识

在流程高度复杂的业务领域里，知识和经验本身就可以成为结构性成本优势的来源。要在所谓的学习曲线上领先于竞争对手，同时根据经验对无数的细微流程和投入内容加以调整，以便提高效率。

毋庸置疑，种植是一个极其专业的领域，有着庞大的知识体系。且

🍊 褚橙方法1：

不说褚时健强大的学习研究能力以及种烟、制糖、烤酒的类似经验，就连褚橙基地的作业长也是有着十多年种植经验的能手。褚时健对于知识和经验的重视程度可见一斑。

相信许多冰糖橙同行都知道"间伐"的知识，但是他们没有像褚时健一样砍掉一半健康的果树。他们不是没有勇气，而是他们的知识储备让他们不如褚时健自信。几十年的种植经验提醒他们，宁可不信书本知识，也不要乱砍果树。

🍊 3. 特殊资源

一些企业仅凭富有价值的资产，就可以拥有超越同行的成本优势。富有价值的资产，有可能是自然资源，比如，石油或矿产地，或者只是地理优势；比如，旅游热点目的地。对褚橙来说，哀牢山的种植环境、自制的有机肥就是其最富有价值的特殊资源。

试问，有多少农产品所用的肥料是采用科学的方法自制的？有多少果农能把一片贫瘠的土地培育成沃土？为什么只有褚时健把冰糖橙做到了极致，答案就在这里。没有特殊资源，就创造资源，用"等、靠、要"的态度做事，最终只会被淘汰。

🍊 4. 品牌优势

品牌是一个企业的独家标签，是区别于其他企业最显而易见的优势，也是形成垄断的必备条件。为了达到品牌垄断，企业不惜花重金打品牌广告，办宣传会。虽然这些花哨的办法有一些作用，但如果没有强大的内在实质做支撑，品牌之路也走不了多远。

褚橙正是在垄断产品品质的基础上，才形成了垄断品牌，否则褚橙也没什么品牌价值可言。

在褚橙的成功秘诀中，最值得注意的是它的创新垄断。

从商业秘密来看，褚橙是能够赚取垄断利润的企业。硅谷创投教父、PayPal[①]创始人彼得·蒂尔在《从0到1》一书中对未来商业揭秘。他认为，企业只是制造满足市场需求的产品，只要有原型，工业流水线就可以让产品大量地被复制生产出来，这就是典型的从1到n的过程。但产品有生命周期，市场有饱和度，利润空间有限，从1到n的企业只会模仿，永远被市场牵着鼻子走。

但如果企业创造了社会基因或者思想基因，就可以跨越企业的边界，影响到整个行业乃至社会，实现横向传承，这就是从0到1的创新路径。企业创造的基因能够影响社会的文化和观念，乃至改变整个社会的进程，这就是质变。

彼得·蒂尔总结出从0到1的企业的8个特点，分别是创新、质变、垂直、蓝海、垄断、唯一、非零和、厚利。按照这种判断标准，褚橙属于典型的从0到1的企业。首先，褚橙的成功远远超过了一种农产品的范畴，其被赋予的褚橙精神影响着当代的企业家和新一代创业者，这是农产品从产品到品牌的质变。

虽然没有制造出一种新的橙子品类，但褚橙改变了冰糖橙的很多天然壁垒，也应算作是垂直进步。在褚橙出现之前，冰糖橙市场已经成为红海，竞争激烈，湖南冰糖橙更是以地区优势在消费者心中打下烙印。

[①] 一个总部在美国加利福尼亚州圣荷塞市的在线支付服务商。——编者注

但褚橙出现后，独立开辟出蓝海，以品牌优势赚取了垄断利润，褚橙不是位列第一的橙子，而是唯一的橙子品牌。

另外，褚橙也是一种典型的非零和游戏，即褚橙进入，其他橙子品类价值被创造，而非被消灭。最终，褚橙也因为品牌优势赚取了厚利。

总之，对于每一个企业来说，对抗竞争最好的办法就是成为行业里的创造性垄断者。像褚橙一样，一直被模仿，却从未被超越。并且，创新的产品不仅可以让大众受益，还可以给企业带来长期的利润，奠定其行业第一的地位。

学会像褚橙一样，不畏竞争，勇立潮头，开辟出一个自己的天地。

第三节

褚橙产品论：从安全到品质

一个有灵魂的产品，必定是安全和品质兼备的。没有安全和品质，就没有产品意义可言。

为了保证褚橙的安全和品质，褚橙基地自己配制有机肥，每棵果树每年施15千克自配的优质有机肥，让果子保持酸甜适中、口感一致；采用先进科技检测手段，从每年8月开始，每半个月对当年产出的褚橙进行一次质量检验；要求管理果树的农户按照技术规程，定时疏剪枝条、花朵；水利投入达上千万元，使果树能按需灌溉水塘蓄积的哀牢山山泉……

一路走来，褚橙从安全到品质，都做到了无懈可击。

1. 产品安全

不论做什么产品，第一要旨永远都是安全，然后才谈品质。尤其是食品行业，安全问题始终是摆在第一位的。

出过安全问题的企业，必定要付出惨痛的代价。目前，市场上众多生态食品、绿色食品的出现，在某种程度上都是为了安抚消费者那颗被不安全食品刺痛的心。在农业领域，农药残留超标、农药过量使用等安全问题时常发生，影响了整个行业的发展。比如，2015年的毒西瓜、毒草莓事件，让消费者对西瓜、草莓产生了不信任感，把很多安全的水果也当作毒水果。

褚橙也曾险些被农药安全问题困扰。2014年，有人在微博中无意披露了褚橙也使用农药的消息，引起外界一片哗然。之前诸多关于褚橙的宣传都提到，褚橙不施化肥，不打农药。所以消费者很疑惑，这究竟是怎么回事呢？

对此，褚老回应了市场的质疑，他说农药有一个星期的残留期，而褚橙在采摘前一个月就不会再用农药了。他还告诉我们，并不能把用农药的产品都当作不好的，科学使用农药，才是保质保量的最佳办法。

听完褚老的一席讲解，很多消费者这才知道，在农业生产规模化、机械化的趋势下，病、虫、草害不可避免，没有农药，农产品生产质量根本无法保证。更多的农业专家也发表看法，向大众普及农业发展需要农药的道理。

2. 产品品质

褚橙名号打响后，众多名人代言的农产品纷纷顺势而上，为农业领域

褚橙方法1：重新定义品牌

增添了更多的热闹。随着时间的推移，褚橙被人们称为一种现象，它代表了高品质水果、名人水果以及电商农产品等特质。

2013年，柳传志在央视财经论坛上讲："我想以联想为例，来说说我们转型升级的智慧和行动，我主要想讲，从2000年开始，联想开始进行多元化的尝试，我们做了投资、做了房地产，都做得相对成功。最近我们用了3年多的时间做准备，然后开始计划在两年前采取行动，我们要进入农业领域。目标就是要为中国人提供安全、高品质的食品。"

外界将此次演讲作为柳传志进军农业的宣言。自此之后很长一段时间内，柳传志每逢演讲就要变着法地为"柳桃"站台，讲猕猴桃、讲蓝莓、讲他眼中的新农业。

作为柳传志寄予厚望的联想控股现代农业板块，佳沃品牌于2013年5月8日正式发布。

在联想佳沃创立的同一年，潘石屹也开始为家乡甘肃天水的苹果代言，网友们冠以"潘苹果"的美称。甘肃天水是一个非常贫穷的地方，但是苹果很有名。不过，由于地处偏僻而又缺乏品牌意识，天水的苹果卖得并不好，大量的苹果被销往中低端市场。从甘肃天水走出的潘石屹想要帮家乡的父老乡亲一把，为家乡苹果吆喝一声，拓展销路。

和褚橙一样，潘苹果、柳桃将产品定位于高端市场，个个价格都不低。2013年，3千克"柳桃"价格达168元，3千克潘苹果价格达88元。这些产品虽然价格比平常水果偏高1～2倍，但仍然在部分城市卖断货。

业内人士认为，2013年，商界名人们将自己的故事和农产品融合在一起，凭借网络渠道和全新的传播方式营造出了一轮市场营销"新风"。

然而，好景不长。

2014年，褚橙的销量保持着高纪录，柳桃和潘苹果的销量却各有下滑。比如，在某电商网站的一次促销活动中，褚橙一天有 8400 多单，75 万吨销量；柳桃有 476 单，4.6 万吨销量；潘苹果有 187 单，1.6 万吨销量。这组数据在一定程度上能够反映 3 种产品之间的差距。时至今日，柳桃与潘苹果的销量更是与褚橙相差甚远。

褚橙是如何屹立不倒的？离开营销故事和名人效应的漂亮外衣，褚橙靠怎样的内在抓住人心？答案只有一个：产品品质。褚橙能够长期热卖，其根基是这个橙子真的好。

我们在本书中不厌其烦地强调，褚老的专业精神、认真钻研的态度、创新的管理办法是褚橙品质的保证。种不出好果子，再励志也只能是昙花一现。毕竟，消费者是最聪明的。大家买的是实际的产品，而不仅是一个故事。

像褚橙学习，用产品铸造经典传奇。

第四节
态度决定干法，干法决定结果

褚橙种植出产的实施思想，就是褚时健思想的体现。褚时健是一个强势的领导者，褚橙果园的农户们说，什么都得按褚大爹的意思办，不能有二话。

不过，褚时健真实的内心世界没人能够真正触摸。就连他的老伴马老也说，从来没有懂过褚老心里想的是什么。我们所能知道的，是一个曾经的风云人物从名利尽毁、一无所有，到东山再起、老骥伏枥。在外

褚橙方法1：重新定义品牌

界看来，似乎所有关于成功思想的美好形容词，都能用在褚时健身上。

我们将这些闪闪发光的词分成两类，一是态度层面的，二是干法层面的。态度是每个人做事情的思想指导，涉及精神层面，影响一个人的做事风格和方式。而干法是实践的思想，涉及具体的事务，直接决定一件事、一个人的成败。

也许，一个人不能复制另一个人的大脑，但一个人的思想言行足以对另一个人产生有益影响。所以，我们可以向褚时健学习，在态度中升华，在干法中求真。

❋ 1. 态度

（1）野心

喜欢坐快车的褚时健，从不掩饰野心。

"人必须要有野心，但不能脱离实际，要有基本的道德。人生不要有太多计较，计较过多了，上级处不好，左邻右舍处不好。对于人生中的挫折，一定要心宽，要积极对待，越消沉越就站不起身来，要向前走，要相信一年比一年好。"

褚时健的野心，一开始就显现得清清楚楚。"要种最好吃的橙子"，这个愿望就像小学生想考第一名一样单纯简单。褚老心中也有一个目标，就是超越美国新奇士橙子。他觉得，新奇士的橙子外观漂亮，口感不行，价格还卖得很贵。

干什么都要争第一，是褚时健办企业的第一信条。如果没有野心抱负，一个本该安享晚年的老人，怎么可能二次创业，再造一个神话？况且他还患有严重的糖尿病，就算有心种橙，也是力不从心。然而，内心燃烧着斗志的褚时健克服了高龄、病痛带来的困扰，成就了晚年的事业。

自 2012 年后褚橙已是家喻户晓，橙子供不应求近乎脱销，甚至连装褚橙的纸箱也被一些不良商贩最高炒到 12 元一个。但在褚老看来，橙子仍然没达到自己的标准。"果园每年都在出现新问题，每年都在改进。新问题不可怕，关键是你要认真对待，加以改进。我这一生，碰到不少困难，但是这些困难过来以后，信心还是有的，因为你知道事情发展的规律。做一份事业，我的感觉就是遇到了一个舞台，在这个舞台上可以消耗我的很多精力。每次做的事情往前推进了，我就高兴。"

（2）专业

如果一个人只专注于一件事情，运用个人才智去深入研究，就算成不了专业人士，但也不会太差。

在中国，有的企业家懂市场，有的企业家懂营销，有的企业家懂技术，有的企业家懂管理，有的企业家懂人脉关系……总之各有所长。而称得上专业的企业家并不多，褚老是其中一个。

最难能可贵的是，褚老似乎有着超强的学习能力，他总能快速地完成从门外汉到行家的转型。有很多人羡慕褚老，学什么会什么，不仅无师自通，还能灵活运用知识自成体系。

每棵树只能留 240 颗果子、自制有机肥料、不同的果树采用不同的剪枝方式……从土地到果树，从树叶到果实，从灌溉到病虫害防治，褚老无不精通，常令人叹服不已。可是，大家只看到褚老展现出的专业才能，却不知道他背后的专注。

我第一次到褚老家拜访时，心里很紧张。去之前想了很久，送他

一份什么样的礼物。后来思量许久,带了一包有机肥料。虽然我准备了很多问题想问老人家,但是真正见到的时候,却好像什么也问不出来了。一开始,我小心谨慎地和褚老说着话,发现他对聊人生理想没什么兴趣。

当我把有机肥料送给他时,褚老一下子来了精神。他开始问我,"肥料结构是什么、怎么发酵",然后一边问一边打开袋子,用手抓了一把肥料在手心观察。于是,关于肥料的话题,褚老讲了个没完。那天的我,就像上了一堂肥料课。

多见了几次褚老后发现,他几乎只说种橙子的事。普通家庭的聊天话题都是家长里短、油盐酱醋,但褚老家里聊天的话题全是种橙子。有一天晚上已经10点多了,我到褚老家拜访,老两口和褚一斌还正在讨论果树防风的事情,我一下子就领悟到了什么叫作专业。

褚老说,他每天要做的事情,就是拨几个电话,和别人聊聊果园。对于其他的事情,他没什么耐心。现在的老年人退休后热衷于打麻将、钓鱼、养鸟等,但褚老基本都不玩。他说:"打太极?不行,我没耐心。鸟也养,听它讲讲话可以,时间长了也不行。"

(3) 认真

在讲到褚时健的时候,很多人都会说他认真,认真得无人能及。凡事怕的就是认真二字,这个道理很多人都懂,却很难做到。

褚老说:"做事情的规律,认真就做得好。不少20多岁的年轻人跑来问我:'为啥事总做不成?'我说:'你们想简单了,总想找现成、找运气、靠大树,没那么简单的事。我80多岁还在摸爬滚打。我现在蹲下就站不起来了,但分枝、挂果的时候我都要去果园,坐在边上,让人扒开树叶露出果子给我看。'"

的确，我们从小就接受"只要功夫深，铁杵磨成针"的教育，却常常懊恼没有下足功夫。褚老常说自己比较笨，所以肯下功夫。别人想一遍的问题，他会想3遍、8遍。很多人不愿意劳神去干的事情，他一旦认准就会干到底。

因为认真，他十几岁就懂酿酒，而且他酿的酒出产率比别人高，味道也比其他人的酒好喝；因为认真，他把糖厂从破产边缘拯救回来，塑造辉煌；因为认真，他带领玉溪卷烟厂所向披靡，产出了中国最好的香烟；因为认真，他在跌落谷底之后逆势反弹，在深山里种出了最好吃的橙子。是的，我们不缺心灵鸡汤，不缺鸡血励志，可是每次想到褚老认真的奋斗历程，心里仍然为其所动，仍然想更靠近他的品质一点点。

（4）耐力

当现代农业悄然而至的时候，带来了一种新的生活态度，吸引着人们的注意。农业，这个传统印象为"面朝黄土背朝天"的行业，被现代人赋予了更美好的意义。

慢节奏、无压力、日出、星星、纯净、恬适、悠闲、朴实……越来越多的美好词汇被用以形容曾被人忽视的农业，也让更多人萌发了去种地的想法。在人们的想象中，这是一份无比自由自在的工作。

可是，当人们获得了梦想的一丝恬静时，往往又不懂珍惜守护。

一个农场的负责人和我讲，在他家附近有一块土地，不停地更换主人。"都是城里的年轻人过来，有养鸡的、有种菜的，来的时候兴高采烈，可是没过多久就走了。有的人是因为做不好，毕竟农业需要专业知识，而有的人甚至还没有搞起来就走了。"

回头看看褚橙，果树6年结果，10年盈利，做一个种植实验，通

常要等一年才有结果。这些漫长而寂寞的等待过程，足以让一个意志力薄弱的人放弃。

在都市里，你今天很有可能还是销售员，明天就跳槽去做电商客服了。你可以在不同职业角色中随意切换。但是农业不同，提起这个行业，没有10年沉淀的勇气和准备，很难把事业做出成绩，也很难让自己有所收获。那些种菜失败、落荒而逃的创业者，是否想过，褚时健也是从一窍不通到精通的，褚橙也是在无数的实验中才有了绝佳的口感的。

农业，是一份在天地之间锤炼意志的事业。如果你有这样一颗坚不可摧的心，相信无论在哪个行业，都能坦然面对寂寞，完成自我蜕变。"种瓜得瓜，种豆得豆"这句谚语，依然适用于每一个行业、每一个人。

褚时健为何能在商场上常胜不败，难道他靠的仅是天赋和幸运？或者是善于管理的才能？抑或是预见未来市场的智慧？其实，在这些才智的背后，是一颗比别人多一点耐力的心。在现实社会，太多的人拼命地去寻找捷径，宁愿在投机取巧上花费大量的时间和精力，也不愿静下心来去努力。最终，他们绚烂的梦想在残酷的现实中饱受摧残，只能在抱怨与失意中度过那并不美好的一生。

🍊 2. 干法

日本管理大师稻盛和夫在78岁高龄时出任日本航空董事长之后，推出了第一本书，书名就叫《干法》。他在书中写道："回顾自己70余年的人生，我可以向大家断言……持有正面的'思维方式'，满怀'热情'，付出不亚于任何人的努力，把自己所持的'能力'最大限度地发挥出来……你们的人生一定会硕果累累，一定会幸福美满。"

这段话，也能概括褚时健做事的行为准则。每一件事，他都务实地去完成，且在做事过程中不断去创造，还比别人付出更多，比别人多一丝坚持和韧性。大师思想，大抵相似。

（1）务实

褚时健是个实干家，他的亲力亲为，让很多企业家自叹不如。有些人在创业的时候，抱着这样的想法：熬过一段苦日子，以后苦尽甘来，就能享福了。可是，你看褚时健，从未有过一刻的松懈。

褚老以前就爱去地里跟果树说话，后来腿脚不便了，也要找各种机会下地走走看看。遇到不懂的问题，褚老可以看书研究到凌晨三四点，他不仅从书中找答案，更会亲自上场做实验，亲自剪枝、亲自搭配肥料结构。他做的事情，越来越多。

知行合一，这是好多人想求而不可得的品质。正因为务实，褚时健做一样成一样，把任何事情都能做成标杆。

（2）创造力

为什么褚橙基地的农户是半个合伙人？为什么褚时健敢砍掉果园一半的果树？为什么褚橙的酸甜比能够稳定在1∶24？如果没有创造力，这一切都不会实现。

在这个世界，埋头苦干的人很多。人们不时感叹，自己每天都在忙碌中度过，却有一种"瞎忙"的感觉。究其原因，就是生活中少了创造力，以至于活得庸庸碌碌，却不知为何。

创造力是什么？很多时候，创造就是比别人快那么一小步。在别家果农还在拼产量的时候，褚老已在为每棵树主动疏果以控制甜度和品

褚橙方法1：重新定义品牌

质；在别家还在多种树的时候，褚老已开始化验土壤，补充元素；在别家的橙子采摘完后直接拉到市场售卖时，褚老已开始引进橙子分拣机和打蜡机，对橙子按大中小分级，并且保证保鲜；在别家橙子还在拼个头、拼甜度的时候，褚老已在做橙子的甜度研究，太甜腻人，不甜没人吃……

敢于冲破束缚，敢于突破，去创造新鲜事物，并非所有人都具备这样的果敢品质。当你拿着一份不好不坏的薪水，过着平平淡淡的生活时，你很少想要去改变现状，你会心甘情愿地跟着既定的轨道往下走，偶尔艳羡一下别人跌宕起伏的精彩人生。

大多数人，选择了按部就班，选择了在大潮流中做一个跟从者。普通人甘于平凡，有创造力的人敢于突破；普通人习惯用大众思维办事，有创造力的人敢于采用新办法，高效完成。

（3）坚韧

在人类的诸多品质中，乐观、自信、谦和等都可以是天生的，而坚韧，只能在艰苦中练就。

褚时健感谢磨难，他说："经历过的东西，对你都是有用的。你觉得那时候条件很苦，可谁知道今后会不会更苦。当时家庭条件优越一些的同学比我们好过，以后碰到更大的坎儿，我们挺得过去，他们可能就过不去了。所以我说，经历对人来说，有时就是一笔财富。"

看到这段话的人，无不被褚老的意志感动。我们常说感恩，却在面临困难时叫苦不迭。我们常自嘲苦中作乐，却不去参悟苦难真正的意义。褚时健是这样的人——他越挫越勇，迎难而上，决不妥协。

我们一直在谈一种名叫"企业家精神"的概念，勇敢、认真、合作、执着、真诚……而这些似乎是每个人应当培育的基本品质。

对这种精神，褚时健也有自己的诠释："做企业就要认真做，要赚钱。中国的企业家缺乏一种艰苦创业精神——不抱怨，只做事。不管大事小事，在别人看起来困难很多，我自己觉得这些困难，只要你去做，都能解决掉。"

其实，褚时健身上体现的，只是正常的企业家精神而已。所以，如果一个领导者，还没有像褚时健一样，就应该想想自己算不算得上是企业家了。

第五节

借势营销，走品牌化道路

褚时健曾说："前两年我们一直很低调，一个是为了修炼内功，空下时间潜心钻研、发展橙子种植。现在条件慢慢成熟，我们正在加强打造自己的品牌。现在我们主要是通过自身高质量的产品，去撬动市场，让老百姓自己去评价。质量好了，口碑就好。"

褚时健还有一句话经常放在嘴边："我们基本没有做过营销。"褚老对此的解释是："褚橙产品足够好。"但这是唯一答案吗？一方面，产品的高品质的确是褚橙卖得好的一大保障，但另一方面，各路人士出谋划策对褚橙的宣传营销，也起到了不小的作用。

褚橙营销成功的背后，其实是褚橙和农产品电商互相借力的双赢结果。就农产品电商发展历程来看，1995年12月12日，郑州商品交易所

褚橙方法1：重新定义品牌

集诚现货网（现名"中华粮网"）建立；2005年10月，开启中央储备粮网上交易。这是农产品电商发展的初步阶段。

2005—2012年，农产品电商从快速迸发期走入了泡沫期。2005年，易果网建立。2008年，乐康网及沱沱工社建立，但这几个企业开始都是做小众市场的。其间，国内频发食品安全事件，这让很多企业看到了消费者对品质高、安全性高食材的需求。

2009—2012年，一大批打着"健康、生态"旗号的生鲜电商涌现。不过，伴随着诸多商家的涉足，产品品质却跟不上电商发展速度，行业泡沫逐渐显现，优菜网、土淘网等农产品电商企业相继倒闭。

2012年起，农产品电商行业在低迷的气氛下寻求突围。这一次，它们将眼光落在了产品品质上，渴望找到理想的产品，为一直表现平平的行业打一针兴奋剂。

当农产品电商急需转折，迫切想有一番作为的时候，褚橙出现在它们的视野中，它像一块天然的璞玉，成了不可替代的推广对象。另外，褚橙正好借农产品电商想要立足突破的愿望，狠狠地出了一把名。

2012年年底，刚建立一年的农产品生鲜电商本来生活网凭"褚橙进京"事件营销一炮走红。在沉寂已久的农产品电商行业，引发了一阵热潮。

也许有人会说，褚橙是运气好，碰到了农产品电商爆发的势头。但是我们需要铭记在心的是，机会是留给有准备的人的。不然，之前那么多农产品与电商合作，为什么失败了呢？

时至今日，各方电商对褚橙的营销都是不遗余力的。对于互利共赢的合作，何乐而不为呢？像褚橙一样，踏实做好自己，才有可能在机遇来临的时候，借势成就自我，才有实力成为引爆机遇的"导火索"。

如今，"农商对接"模式流行，很多农村合作社、家庭农场也在尝

试与互联网对接，实现农产品从生产地到终端销售的直接流通，打造产地直营模式。

当然，不得不说的是，对于很多初创者来说，不见得有褚老那么深厚的人脉资源，能够找到好的平台为产品做宣传，能够幸运地等到被发现的那一天。这时候，就要靠自己主动去推广，把自己的产品展示出来。只要你的产品足够好，相信总会有人被打动。当年，褚老不也是四处摆摊，奔忙着让人尝一尝褚橙吗？

本来生活网联合创始人胡海卿在一篇公开文章中曾如此讲述褚橙的营销传播。

褚橙的传播，是一种基于媒体，特别是社会化媒体的"口碑传播"，其中掺杂了名人之间的"口碑传播"，于是其传播能量发生了倍增裂变。

这关键还是得益于"社会化媒体／自媒体"传播渠道的红利。这是以往农产品推广所未见的，毕竟，互联网与传统农人之间还是有鸿沟的，而我们填补了这个部分。

因为，"褚橙"的成功，以及我们这一批媒体人拥有的比较好的人脉资源，很自然地就与一批关注农业、投身农业的重要企业、企业家、名人等建立了联系，这并非本来生活网刻意为之。

接着胡海卿的话往下思考，褚橙营销到底有没有突破？突破了什么？褚橙营销成功突破了品类、产地对农产品品牌的束缚，启示后来人农产品营销的第一张入场券，不是地方抱团，也不是政府支持，而是品牌化。

在褚橙之前，我国的农产品一直未能走出"大产地，小企业；大品

褚橙方法1: 重新定义品牌

类、小品牌"的怪圈,市场上有赣南脐橙、雅安蒙顶山茶、凤山铁观音、东北五常大米、西湖龙井茶、莱阳梨等大品类,但在大品类、大产地下滋生的众多小企业、小品牌,却没有真正叫得响的品牌,如此"无名氏"现象让很多企业陷入被动的尴尬局面。

究其背后的原因主要有两点。其一,我国农业一直追求的是量产目标,企业多以贸易思维主导经营,缺乏品牌意识;其二,农产品种类繁多,每一个细分领域的品牌模式都不尽相同。如果要在大范围的农产品领域树立一个品牌,没有优秀的品牌模式,单创品牌是非常困难的。总之,农产品无品牌的现状,与农业产业过度分散、同质化、区域化无序竞争、低值化等原因不无关系。

褚橙成了我国农产品品牌化的先行者,给后来的产品带来了希望,也树立了学习的标准。因此,农业企业不妨参考褚橙品牌化路线,根据产品的细分去树立一个品牌,从中寻找差异化优势,如此就会特别容易让你从众多的同质化产品中脱颖而出。

第六节

给消费者一个购买理由

你真的了解消费者吗? 2012年开售褚橙之前,我们提出过这个问题。

当时,电商已经步入稳健发展期,18～24岁的年轻人成为网购主力,服装和饰品类是网购的主要产品。农产品电商也在这一时期崛起,2012年在淘宝网经营农产品的网店有26万多家,销售额达198亿元,

并涌现出大批有代表性的农产品服务和零售批发企业。

当这个问题被抛出之后，我让团队成员每人写一篇分析文章，到汇报讨论的时候，我们总结出，当下时代的消费者呈现出以下特点。

物质的满足变得轻而易举。

从追求名牌到追求个性化产品。

信息社会影响人们的消费心理。

从"以物为中心"到"以人为中心"。

在物质匮乏的时代，消费是为了满足物质所需，人们对物质本身的需求大于其所有的符号意义，购买冰箱是为了冷藏食物，购买汽车是为了出行方便，购买房屋是满足居住所需，购买食物更多的是为了填饱肚子。但进入21世纪以后，物质欲望能够轻而易举地被满足，这会带来一种不幸，即物质带来的快感经常转瞬即逝，人们会变得越来越挑剔。

对于吃也是如此，如果我们将褚橙定义为一种可以吃的甜橙，它能满足人体的维生素所需，满足人的口感需求，那么，褚橙被消费，完成吃的使命后，会立刻被人们遗忘。而随着购买次数的增加，褚橙带来的快感效用是递减的，人们的购买欲望也随之消失。

追求名牌产品是上一个消费时代的人的消费习惯，一些奢侈品之所以受欢迎，在于其奢侈品符号。不过现在这种追求正在变淡，人们的消费习惯正逐渐从追求时尚回归到追求自然纯真。

相比那些已经被定义了的产品，人更愿意追逐原生态、具有地方特色的东西。以进口水果与产地水果为例，过去很多高收入阶层是从来不吃国产水果的，对他们而言，进口水果意味着高端，意味着一种生活方

褚橙方法1：重新定义品牌

式。如今，强有力的地方意识、自我意识使这批高收入人群也开始消费纯正的国内地方特产。

在分析褚橙所面临的时代时，信息已经呈现出一些特点：互联网的盛行使信息从不对称变为对称；人人都是中心，人人离不开社交；信息存在引爆点。在这种背景下，购买一个橙子，并不是最大限度地满足自己的需求，而是分享信息，"我今天和谁一起吃了褚橙""我把褚橙送给了谁""我可以传达褚橙的哪些信息"……在信息社会，独占产品是没有意义的，如果产品不能向其他人传播，且不具备可社交的属性，那么，人们就无法从产品中获得乐趣。

因此，购买褚橙不是单纯地将其吃光，而是享受消费，并向他人分享信息、完成社交。人们不希望在短时间内吃掉最多的橙子，而是希望在较长时间内尽可能地从褚橙这种产品身上获取更多的愉悦感。这就是我们给消费者的购买理由。

1. 社交：将最好的橙子送给朋友

每年11月，在昆明市场上，褚橙一上市，水果店的老板就已经准备了充足的堆放排面给褚橙，并且极力推销。在知道褚时健故事的那一群人眼里，褚橙已经成为这个季节送礼的佳品。

2013年11月16日中午，意见领袖韩寒发了一条微博："我觉得，送礼的时候不需要那么精准的……"配图是一个橙子，放在一个纸箱上面，箱子上印着两行大字："在复杂的世界里，一个就够了。"

将最好的橙子送给最好的朋友，褚橙迎合了人情。

如果你是我的朋友，我会下意识地将好东西分享给你，并把故事讲给你听，这是基于朋友之间的友谊而产生的行为，而作为接收方，更愿意相信朋友的推荐，从而产品的口碑传播越来越广。

2012年，我们第一天开卖，首批褚橙就受到追捧，多数已被团购订走，大部分是企业用户，买来用作送给员工或朋友。

我们为了鼓励成都创业者，在创业峰会上选出一批优秀的创业者，由"i有机"送橙子给他们。当时的办法是：创业者或关注本次峰会的读者只需关注实名认证的新浪微博"@成都商报－创富"和"@'i有机'"，成为粉丝，并用140个以内的文字推荐自己心目中的优秀创业者，组委会经推荐评比后将向被评出的优秀创业者送去褚橙；另外，参与的推荐者也将有机会以抽奖方式获得褚橙。

2014年，我们在分享褚橙上做了不少倡导，"爸比，别忘了给妈咪留一橙""将哀牢山的果实带给最亲的人""有橙意，齐分享"……

一位评论员分析，褚橙的聪明之处在于稳稳抓住了中国文化：人情。这里的人情不泛指礼尚往来，而是基于对朋友最简单的信任。如果你是我朋友，我会下意识地认真听你说话，话语本身在人情的影响下会产生一定价值，哪怕只是一次性的。比如，如果言谈间，我把褚橙的故事讲给我的挚友听，那么，他很有可能会考虑买一箱尝尝。

当你产生对褚橙的第一次购买行为后，它最大的核心竞争力会充分凸显出来，从而影响你再次购买的行为，加之国人善于一传十、十传百的热心肠，褚橙的成功也就在所难免了。当然，在每一次传播过程中，褚时健夕阳创业的故事也会流传开来。

有人将褚橙的营销归结为两个方面：一是讲故事，二是送橙子。其实，这是表面看法，讲故事是追求产品背后的文化，送褚橙是当下人情文化的一种转变，是从高端、奢侈礼品向自然、健康产品回归的转变。

褚橙方法1: 重新定义品牌

老板送褚橙，体现的是一种鼓励；好友送褚橙，表达的是情谊；亲人送褚橙，背后是健康的寄予，不管对哪种人群来说，褚橙迎合的都是人情文化。

2. 共享褚橙精神

不管你承不承认，新时代的消费者正在变得不同，这体现在人们对快乐和幸福的定义不再通过物质和服务的消费来得到满足，人们更愿意将同他人建立联系、分享物品的这一行为看作是一种快乐，追求人与人之间的联系，相互交流，这是共享意识的价值观。

有专家将共享意识称之为"共费"时代下的价值观，这个时代的特征之一是人们的兴趣在于分享、相处的快乐。共同分享一件物品，共同参与一个事件，共同构建一个体系，人们在共享中获得联系和价值。

2014年11月21日，一台叫三个爸爸的空气净化器在30天内众筹1100万元，火遍创业圈，三个爸爸在短时间内迅速积累了口碑，很重要的一个原因就在于分享。三个爸爸组建的爱心检测团，团员都是精准用户，除了参与，他们还非常愿意跟周边的人分享。

检测团成员不仅认真填写每天的室内外空气检测表（事后做成三个爸爸的各大城市空气质量检测报告），有的痴迷者还把仪器快递给身边的亲朋好友，或带着仪器到亲朋好友家里去检测一遍。一台仪器，变成了一个"爱心传递"。

另一个案例是，一个IT男的开山面霸众筹项目，发起人写道："所有支持我的朋友，都会成为开山面霸的元老成员，我希望我们这一群人聚在一起能够做更多有意思的事情，开山面霸是一个起点，我希望每

第十章 褚橙，你学得会

年，或者每过一段时间，我们都能聚在一起，交流、分享一些想法和经验，给大家带来一些有实际意义的帮助。当把我们一群人手中的资源共享出来的时候，我相信这个力量是非常惊人的。每每想到这点，我内心都是激动不已，真心希望我们这帮志同道合的人能够聚在一起。"

不管是三个爸爸空气净化器还是开山面霸这样的众筹项目，能够在短时间内迅速积聚人气，正是抓住了人们的共享意识。那么，究竟什么样的项目或产品才符合人们的共享预期呢？

开发销售一款产品，甚至是小到发起一个活动，首先问问自己是否愿意参与，并分享给好友。

在分享过程中，人们是否能够感受到快乐和愉悦。

基于以上几个角度分析，我们发现褚橙在任何一个环节都能够被人分享，首先是褚橙背后的故事。褚时健的人生故事让人产生分享的欲望，因为人们喜欢积极向上的力量；其次，褚橙的品质让人们产生一种分享的快乐，褚橙就是不一样，而好东西应该是要被分享的。

2014年12月17日，万科在北京新街口地铁站免费派发褚橙。当天，万科一共准备了近万个橙子在地铁口派送，希望通过褚橙蕴含的励志故事以及传奇精神，在一年即将结束的日子里，和这个城市一起分享收获的喜悦，并传递关于奋斗、爱和希望的美好精神。

在新的消费时代，品牌被赋予更多责任，人们不只有自我主义意识，同时还有考虑他人需求的利他主义意识，或者说，不管是企业还是个人，都有一种想要为他人、为社会做一些贡献的想法，也可以称其为一种社会意识。

在这种社会意识下，无论是个人，还是企业，都有乐于分享的公益精神。公益文化是传统慈善的概念，离不开历史的传承、精神的分享。

褚橙方法1：重新定义品牌

2012年11月6日开始，本来生活网在部分知名企业家中发起"传橙·传承"赠尝品鉴活动；11月24日，褚橙宣传片在第五届创业家年会现场播出，800名创业家及两位创业家导师现场向褚橙致敬；12月8日，褚橙出现在2012中国企业家年会上。从11月到12月，本来生活网在北京赞助了9个企业家年会。

与人分享，本就是褚老的人生哲学。2014年第九届人民网企业社会责任奖，将"特别致敬奖"颁发给了褚时健，他表示，"每个人，每个企业，我们生活在社会当中，我们的社会会给我们，但我们要给社会报答的更多，要超过社会给我们的"。据报道，多年来，褚时健以个人名义捐助了上千万元，用于修缮灌溉设施、路桥和村民住宅等。

3. 切忌带来一时的满足感

什么是一时的满足感？

判断标准有二：一是人们以消耗某种物品为目的的物质消费；二是在购买或占有的行为上感到快乐。

前者的结果是在购买商品的一瞬间，满足感最大化，但随之逐渐消失，最后无影无踪，最常听到的一句抱怨是："这玩意儿也就那么回事儿。"有关消费的研究显示，一次大宗购买所带来的热潮会随着时间的流逝消散，从情绪上来说，我们又会回到初始的状态。

后者在于人们对拥有物品抱有极大的热情，但在喜新厌旧的心态下，满足感也是可以被替代的。不管是哪种情况，这个消费的过程无论怎样都会带有一丝空虚之感。

所以，当消费者不再追求那种在购买的一瞬间满足感被最大化的东

西后，而是更倾向于购买那些可以持续带来满足感的物品，或者是那些随着时间的流逝，反而会带来更多满足感的物品，甚至对怀旧的、有精神意义的产品感兴趣。

褚橙进京，传递的是一种精神力量：人生总有起落，精神终可传承。人们消费褚橙，从来就不仅是因为它是一颗甜橙，而是这颗甜橙的背后有着信仰的力量。这种消费信仰使得褚橙作为一种能够带来持续满足感的物品而存在。

褚橙具有"中国味道"，附加值已经转化为"人生味道"。这个附加值，就是人活着要有一种精神，要有自己的人生目标，并为实现这个人生目标而勇往直前。即使在人生道路上曾经摔过跟头，即使岁月已引领人生步入夕阳，只要勇于让心中那片"绿色"成长，同样能结出累累硕果。从这个意义上讲，褚橙所折射出的励志精神成为能够给消费者带来持续满足感的重要因素。

2015年，褚时健种的苹果首年在小范围内试销，褚苹果的特征是外观不美，味道极佳。在做营销计划的时候，我们推出的概念是"果如人生"。

"你可以从外表的美来评论一朵花或一只蝴蝶"，作为一个长相很丑的苹果，你完全可以像泰戈尔写的那样评价我们——我们的确不好看，但我们想用味道打动你。

"果实的事业是尊贵的"，每当艰难时，我想到了我们的生长，云南高原，昼夜温差极大，我们的出众口感"不仅需要阳光，也需要凉夜"。

尽管烈日让我们的颜色变得不均匀，尽管寒风让我们的皮肤变得磨砂粗糙，尽管没有果袋的保护，没有农药的捍卫，可山泉水给了我滋

 褚橙方法1：重新定义品牌

润，阳光给了我力量，老农人传统的干法给了我最自然的果味，冲破世俗的偏见，我们依然坚强地来到了你的面前……

作为一个丑苹果，寒冷的雨水能使我成熟，你的评价促使我进化，果生如人生，"人的性格陶冶不仅需要欢乐，也需要考验和困难。我知道真理好比水果，只有熟透时才能采摘。"

这就是我们对褚苹果赋予的含义。果生精彩，就要考验。

后 记

衷心希望读者们能喜欢这本书，当然也许我们写的《褚橙方法1：农产品品牌塑造及持续热销实战技巧》和你所需要的东西相去甚远，这里需要向你说一声抱歉，我没有能归纳出让你满意的"褚橙方法"。我也十分乐意接受读者的意见和批评，有任何看法，欢迎和我交流（24973558@qq.com）。

通过这本书，我希望表达的核心有三个方面。

第一，真的非常感激褚老和马老，还有他们的家人和团队，我们从他们身上学到了很多东西，他们给予了我们很多机会，让我们去做试验和学习。

第二，我们理解的褚橙方法，这里面既有一些技巧性的东西，也有一些理念性的观察，在如今喧嚣的商业世界，人们太需要坚持去做一件事情、把一件事情做好的案例。尤其是褚橙还为中国农业发展提供了很多可以学习的方法和路径。褚橙方法也许没有人能学得会，但是这个世界也有无限可能。

第三，记录我们走的路，世界变化很快，每天都有新东西，我真的变得越来越健忘，所以有什么东西希望能够尽快写下来。我们不确

褚橙方法1：重新定义品牌

定未来是否在我们手里，但我们所要坚持的是在当下努力。我希望这本书给我们的团队和所有为褚橙努力的人一个记忆。

我们在成都推广和销售了褚橙多年。一路上，我们走得磕磕碰碰，遇到很多问题，但是我们一直在坚持。每当遇到困难时，褚老和马老说过的那些话，总是激励着我们坚持。

我们由衷地相信，褚橙的未来会更好，我们自己也会变得越来越好。

致 谢

感谢我的家人，支持我去创业。当我真正开始创业时，我感受到许多艰辛，没有你们的支持，我无法迈开脚步。

感谢所有那些给人前进以正能量的人。

当我决定写作这本书的时候，我正在从一个传媒人努力变成一个新农人，在2012—2015这3年时间里，我们的团队一直在成都努力推广和销售褚橙。

我很幸运当我希望去创业时可以有机会接触到褚老和他的家人、团队，这让我更有信心投入到创业中去，如果没有和他们接触的经历，我可能还在纠结要不要从一个看起来非常不错的岗位上辞去工作，开始进入陌生的农业领域。

更加庆幸的是，在我们创业的一开始就有机会去推广和销售褚橙，这机会弥足珍贵，我和团队成员对褚老和他的家人、团队都充满感激之情。

感谢褚老和他的家人、团队，因为褚老的付出，我们不仅拥有机会去分享一种美好的果实，而且还可以去传递一种向上的精神，这是我们的精神财富，更是我们与其他创业公司不一样的印记：我们分享好的产

品，更分享一种精神和生活方式。

当我告诉马老我要写一本关于褚老的书时，她开始说让我等一段时间。当我等了两年后，她又说："你写不到他的心里去！"我只能告诉马老，我尽力而为。

这本书没有经过他们审阅，我有做财经新闻的操守，所以这本书是站在第三方中立的角度来写的。当然，这里面的很多事是我和团队的亲身经历，也有很多是我们的观感。也许很多地方不太妥当，希望大家谅解。非常感谢！

感谢所有为褚橙努力的人，有些人我们已经非常熟悉，有些人我们素未谋面，但是我们的目标一致。正因为你们的付出，褚橙才可以走到今天，希望那些还不认识的人，我们以后有机会可以一起交流。

感谢所有支持我写作这本书的人。

这里我特别需要感谢我的写作搭档熊玥伽，她的认真、负责让我相信她可以成为一位优秀的财经作家，这本书的写作首先是有她的付出，不然无法成书。

感谢这本书的第一读者和策划之一马玥，如果读者们有机会看到她提出的修改意见和为本书的修改所作的努力，我坚信你们和我一样会对她心生感激与佩服。

感谢中国科学技术出版社及其负责本书的编辑团队，你们为了本书更高质量的出版，付出了大量的精力与心血。

感谢"i 有机"和优果仓团队的秦立军、李飘桑、杨胜先、陈扬武、宋茜、陈兰、陈炜、范芹芹……由于篇幅有限，没有一一列举大家的名字，能和最努力的新农人团队之一一起工作，我感到非常开心。我坚信，我们会有一个非常不错的明天，我们现在需要的是信心、努力和